독자 여러분께

이상혁 드림

글 오기수

스토리 콘텐츠 개발 회사 ㈜와이낫미 프로덕션 소속 작가로 자라나는 어린 친구들이 재미있고 유익하게 읽을 수 있는 만화 스토리를 담당하고 있습니다. , 〈who?〉 스페셜과 엔지니어 시리즈를 집필하였으며, 그 외에도 다양한 만화 스토리 및 시나리오를 창작하고 있습니다.

글 김정욱

어린이 만화 잡지 〈아이큐 점프〉 연재를 시작으로 어린이들을 위한 글을 써 왔습니다. 어린이들의 학습에 도움이 되면서도 감동을 줄 수 있는 글을 쓰기 위해 노력하고 있습니다. 지은 책으로 《who? 한국사 을지문덕》, 《who? 한국사 선덕 여왕》, 《로봇 세계에서 살아남기》, 《에너지 위기에서 살아남기》와 〈그램그램 영문법 원정〉, 〈설민석의 세계사 대모험〉 시리즈 등이 있습니다.

그림 이지은

어려서부터 그림 그리는 게 좋았습니다. 좋아하는 일이 직업이 되어 행복합니다. 대학에서 애니메이션을 공부하고 있습니다. 페이커의 팬으로 애정을 담아 이 책의 그림을 그렸습니다. 많은 독자들이 페이커의 이야기를 재미있게 읽었으면 좋겠습니다. 그린 책으로 《기적을 만드는 소녀》가 있습니다.

감수 이상혁

T1 소속 프로 게이머로서 글로벌 온라인 게임 리그 오브 레전드의 미드라이너로 활동하고 있습니다. 고등학생이었던 아마추어 게이머 시절부터 엄청난 실력으로 프로 선수들을 제치고 리그 오브 레전드 솔로 랭크 1위를 찍으며 각종 게임 커뮤니티 사이트를 들썩이게 만들었습니다. 이어서 프로 데뷔 경기에서도 눈보다 손이 더 빠른 반응 속도로 화려한 플레이를 선보여 전 세계를 놀라게 했습니다. 지금도 여전히 게임하는 것이 재미있고 게임에서 승리할 때가 가장 짜릿한 순간인 e스포츠계 슈퍼스타이자 독보적인 리그 오브 레전드 플레이어입니다.

다산어린이 공식 카페

책을 더 재미있게, 책을 더 오래 기억하는 방법
다산어린이 공식 카페에는 다양한 독서 활동 자료가 있습니다.
자료를 활용하여 아이들의 독서 흥미를 더욱 키워 주세요.

who? special

FAKER
페 이 커

글 **오기수 김정욱** ◆ 그림 **이지은**
감수 **이상혁**

다산
어린이

전용준
e스포츠 캐스터

〈스타크래프트〉와 〈리그 오브 레전드〉를 비롯한 e스포츠 대회를 중계하는 캐스터입니다.

누구보다 자신에게 철저한 청년, 페이커

안녕하세요, 독자 여러분. 저는 e스포츠를 중계 방송하는 게임 캐스터 전용준입니다. 어느새 제가 e스포츠를 중계한 지 20년이 넘었습니다. 저도 여러분 나이 때에 세계적인 인물의 전기나 위인전을 읽으며 앞으로 내가 무슨 일을 하고 싶은지 고민하기도 했지요. 그런데 그런 책들을 읽을 때마다 항상 아쉬웠던 점이 있습니다. 바로 위인전 속 인물들은 이미 저와 동시대에 살고 있지 않은 사람들이라는 겁니다. 하지만 그런 의미에서 페이커는 다릅니다. 우리는 언제든지 곁에서 페이커를 응원할 수 있고 그가 어떻게 미래를 더 멋지게 만들어 가는지 지켜볼 수 있습니다.

그동안 수많은 경기들을 중계해 왔고, 수많은 선수들을 봐 왔습니다. 그중 '페이커', 이상혁 선수는 제가 만난 가장 완벽한 프로 게이머이자 그 누구보다 자신에게 철저한 청년입니다. 그 나이에 어떻게 이런 성숙함과 강인한 멘탈을 갖고 있는지 늘 궁금했던 저에게 이 책이 그 답을 주었습니다. 새롭게 개정된 《who? 스페셜 페이커》를 통해 프로 게이머를 꿈꾸는 친구들뿐만 아니라 진로에 대해 고민하고 있는 모든 10대들이 자신만의 해답을 찾아 나가길 바랍니다.

임요환
전 프로 게이머, 전 e스포츠 감독

대한민국을 대표하는 <스타크래프트>
프로 게이머였습니다. T1 소속으로
e스포츠 감독으로 활동했습니다.

대한민국 프로 게이머
페이커의 감동적인 스토리

안녕하세요. 저는 스타크래프트 프로 게이머이자 e스포츠 감독으로 활동했었던 임요환이라고 합니다. 페이커 선수의 이야기가 어린이 학습 만화 〈who?〉 시리즈로 나온다는 소식을 듣고 무척 기뻤습니다.

페이커 선수는 누구에게나 배울 점이 무척 많은 선수입니다. 언제나 겸손하고, 포기하지 않으며, 자기 분야에서 최선을 다하기 때문입니다. 또 페이커는 프로 게이머라는 자기 직업을 무척이나 사랑하는 선수입니다. 화려한 데뷔를 했음에도 언제나 초심을 잃지 않고 끊임없는 노력과 훈련을 하기로 유명합니다. 여전히 게임에 대한 순수한 열정도 갖고 있습니다.

한국에서 페이커와 같이 세계적으로 인정받는 프로 게이머 선수가 나왔다는 것이 자랑스럽습니다. 이 책에는 이상혁 선수의 어린 시절부터, 세계를 놀라게 한 신예로 데뷔해 최고의 자리에 오르기까지의 감동적인 스토리가 담겨 있습니다.

페이커가 지금의 최정상에 오기까지 어떠한 노력과 고민이 있었는지 이 책을 통해 만나 보세요.

차 례

2019년 *LCK 스프링 시즌 대회

네, 전통의 강호 T1과
그에 못지않은 강력한 도전자,
그리핀이 치열한 싸움을
앞두고 있습니다!

여기는 2019년
LCK 스프링 시즌 대회의
결승전 현장입니다!

그중에서도
가장 이목을 끌고 있는
한 선수가 있죠?

국내 최고의
*미드라이너 선수 중 한 명이자,
어느새 무려 열다섯 번째 LCK
대회에 참가하는…

물론이죠!
바로…

*LCK(LoL Champions Korea): 라이엇 게임즈에서 주최 및 주관하는 국내 최상위 리그 오브 레전드 대회
*미드라이너: 리그 오브 레전드 게임에서 미드 라인에 서는 선수

페이커,
이상혁 선수!!

페이커!
우리역
FAKER
페이커
사랑해
페이커!

페이커 선수의
오더에 신속하게 움직이는
T1 멤버들!

아앗!
그리핀 팀 선수들, 페이커
한 명에게 계속 유인을
당하고 있어요!

이거 *리콜하고
*바론 막아야 돼!

*한타를 목적으로
빠르게 한데 뭉치고
있습니다!

아아,
저러면 안 되죠!
본진이 텅 비었어요!

*한타: 양측의 팀원들이 함께 모여서 승패를 걸고 벌이는 집단 전투를
뜻하는 게임 용어
*리콜: 진영으로 귀환하는 기술

*바론: 리그 오브 레전드에서 등장하는 몬스터로 처치하면 팀에 이로운 효과를 줌

3 대 0!
그야말로 압도적인 승리!
역시나 페이커!
전설이 다시 부활했습니다!!

페이커 선수,
이로써 벌써 여덟 번째
LCK 우승을 거두게 되었는데요,
기분이 어떠신가요?

새로운 팀원들과
합을 맞춘 지 얼마 안 됐는데,
다들 너무 잘해 줘서 고맙기도
하고 이겨서 너무나 유쾌한
기분입니다.

다만….

사실 작년에 저희 T1이 성적이 굉장히 안 좋았잖아요.

그때 우승을 하지 못하고 팀을 떠난 팀원들한테 미안해서…. 네, 그게 좀 아쉬운 것 같습니다.

치열한 e스포츠의 세계에서 수많은 우승, 그리고 패배와 좌절 또한 수없이 겪었던 페이커. 페이커는 오랜만에 되찾은 우승 트로피에 감정을 주체하지 못하고 눈시울을 붉혔습니다.

세계적인 온라인 게임 리그 오브 레전드(League of Legend) 국내 대회 우승 아홉 번, 세계 국제 대회 우승 세 번이라는 전무후무한 대회 경력을 가진 전설적인 슈퍼스타. 2013년, 열여덟 살의 어린 나이에 데뷔하여 지금까지 역대 최고의 e스포츠 선수로 손꼽히는 선수.

와아아아

페이커!

페이커!

언제나 초심을 잃지 않고 끊임없이 노력하며 훌륭한 인성까지 갖춘 베스트 플레이어. 지금부터 전 세계 수억 명이 넘는 게이머들에게 전설로 알려진 '페이커' 이상혁 선수를 만나 볼까요?

1장

작은 집 네 가족

> 아빠가 힘들게 일하시는 건
> 우리를 위해서야. 그러니까
> 나도 아빠를 위해 뭐라도 하자!

어머니, 저 왔어요.

어서 와라.
힘들었지?
오늘도 고생했다.

씨근~

아바?

리그 오브 레전드 역대 최고의 플레이어, '페이커'로 불리게 될
이상혁은 1996년 5월 7일 서울에서 태어났습니다.

아바바바!

우아아ー

그래, 우리 상혁이,
아직 안 자고 있었네?

페이커의 아버지는 당시 목수 일을 하셨는데, 주로 유아용 장난감을 만드는 일을 하셨습니다.

페이커는 할머니, 아버지, 남동생과 살았습니다. 아버지는 혼자서 두 아들을 책임져야 했기 때문에 늘 열심히 일하셨습니다.

내 어깨에 상혁이와 상빈이의 미래가 달려 있다.

후유….
애들은 잘 있겠지?

아버지가 출근하고 나면 할머니가 페이커와 동생 상빈이를 돌봤습니다. 페이커에게 할머니는 어머니와 같은 존재였습니다.

응?

할모니, 할모니!

사땅, 사땅 주세요!

사탕? 우리 강아지, 사탕 먹고 싶구나?

우리 귀여운 강아지가 먹고 싶다면 줘야지~

부스럭

부스럭

대신 너무 많이 먹으면 안 된다~?

할모니, 체고!

쓰담-

그러고 보니 신기하네, 아직 네 살도 안 된 애가 말도 잘하는 편이고….

헤헤-

페이커는 어려서부터 동네 간판을 띄엄띄엄 소리내어 읽는 등 또래보다 말을 잘했습니다.

세, 탁, 소!

아이고, 우리 상혁이, 참 똑똑하네!

세탁소

무엇보다 페이커의 특출난 장점은 바로 집중력이었습니다.

끼익—

꼴똘~

상혁아,
과일 먹어라~

퍼즐이네?
근데 이건 네가 맞추기엔
너무 어려운 거 아니니?

탁

그래도 한번
해 보고 싶어요.

이 조각은 이쪽에….
그리고 여기 빈자리엔….

—중

집—

형아~
같이 노올자~

응. 이것만 끝내고
놀아 줄게.

몇 시간 뒤

만세~ 드디어
다 맞췄다!

와아아

으잉?
자는 거야?

페이커는 무엇을 하든 한번
시작하면 끝을 봐야 직성이
풀렸습니다.

상빈아,
이제 형이 같이
놀아 줄게!

21

아빠, 벌써 일하러 가세요?

그래, 상혁이 일어났니?

안녕히 다녀오세요, 아빠!

꾸벅

그래. 내일 주말인데 같이 얼음낚시하러 가자.

쓰담ㅡ

집에서 놀기만 하는 나도 이렇게 졸린데…. 아빠는 매일 일하러 나가시는구나.

다녀오마ㅡ

아빠가 힘들게 일하시는 건 우리를 위해서야. 그러니까 나도 아빠를 위해 뭐라도 하자!

쿨..

꼬옥

얼음낚시장

휘이잉~

쿵 쿵

자~ 이렇게 얼음에 구멍을 뚫고~

미끼를 달아 낚싯줄을 집어넣으면….

오오오~

정말 이 차가운 얼음 밑에 물고기가 있어요?

그럼! 조금만 기다려 봐.

우와아아~!

팔딱

옳지, 잡혔다!

24

아버지는 일 때문에 평일에는 두 아들과 자주 놀아 주지 못했습니다. 하지만 휴일 때마다 함께 여기저기 여행을 다니며 아이들이 다양한 경험을 할 수 있도록 했습니다.

할머니, 동화책 더 없어요?

그건 어제 다 읽었어요. 우리 새 책 빌리러 가요!

얼마 전에 할머니가 잔뜩 빌려다 줬잖니.

저 많은 걸 벌써 다 읽었다고?

책도 열심히 읽고 기특하네~

그래, 가자꾸나

우아~

별님 도서관

페이커는 특히 어려서부터 독서에 재미를 붙였습니다.

저 혹시…
동화책 또
어디에 있어요?

저기 B 구역에
가 보면 된단다.

아, 네.

이 네모난 건 뭐지?

할머니,
저게 뭐예요?

저거? 저건
컴퓨터라는 거야.

컴퓨터? 게임기
같은 거예요?

게임도 되지만,
훨씬 많은 일을 할 수 있는
똑똑한 기계지.

게임기보다 더 굉장하다고?
대체 어떤 기계길래?

초등학교 입학식 날

우리 손주가 벌써 학교에 들어갈 나이가 되었구나. 다 컸네!

친구들이랑 싸우지 말고, 선생님 말씀 잘 들어야 한다, 알겠지?

네, 할머니~

아빠도 같이 오셨으면 좋았을 텐데. 하지만 일하느라 바쁘시니까….

호호

깔깔

입학식 끝나고 뭐 먹고 싶은 거 없니?

전 뭐든지 괜찮아요.

할머니! 나 햄버거 먹고 싶어!

이 녀석아, 네가 입학하니?

하하하, 그럼 같이 햄버거 먹으러 가요.

몇 개월 뒤

아빠! 벌써 일 끝나고 오신 거예요?

상혁이 왔구나!

우리 상혁이한테 줄 것이 있어서 잠깐 들렀지~

아빠, 이건….

우리 아들 다 컸는데 이 정도는 해 줘야지.

아버지는 페이커가 초등학교에 입학하자 선물로 컴퓨터를 마련해 주었습니다.

고마워요, 아빠!

녀석, 대신 하루 종일 컴퓨터만 하면 안 된다? 아빠랑도 놀아 줘야 해.

29

곧 페이커는 컴퓨터에 푹 빠지게 되었습니다.

다음 판엔
안 봐줄 거야!

하하, 내가 이겼지!

어때? 컴퓨터로 하는
게임도 재밌지?

응, 재밌어!

상혁아,
숙제는 다 해 놓고
노는 거지?

네, 할머니. 아까 집에
오자마자 다 끝내 놨어요!

컴퓨터를 저리 좋아하고….
우리 상혁이도
아이는 아이구나.

특히 컴퓨터로 가장 즐겨 했던 것은 타자 연습용 게임이었습니다.

이번에는
뭘 해 볼까?

버튼을 누르기만 해도 이렇게 간단하게 글을 쓸 수 있다니….

탁

타닥

좀 더 익숙해지면, 지금보다 훨씬 빨리 칠 수 있을 것 같아!

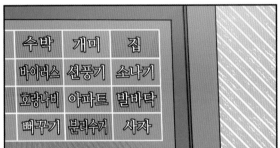

수박	개미	집
바이러스	선풍기	소나기
호랑나비	아파트	발바닥
뻐꾸기	분리수거	사자

타다다다—

낱말들을 최대한 빠르게 입력해야 다음 단계로 넘어가는 단순한 게임이었는데 이는 어린 페이커의 승부욕을 자극했습니다.

좋았어! 이걸로 10단계도 클리어!

오~

타자 연습 게임에 푹 빠진 페이커는 학교에서 주최하는 타자 연습 대회에서 금상을 두 번이나 탈 만큼 뛰어난 실력을 갖게 되었습니다.

한번 빠지면 빠른 속도로 실력을 늘리는 습득 능력과 끝까지 해내는 집중력은 페이커가 지닌 가장 큰 재능이었습니다.

물론 컴퓨터뿐만 아니라, 공부도 게을리하지 않았습니다.

응? 선생님께서 상담 요청을?

네, 아빠. 오실 수 있으세요?

혹시 상혁이가 뭔가 잘못했나? 갑자기 상담이라니….

다음 날

선생님, 혹시 우리 상혁이가 뭔가 잘못한 거라도 있나요?

하하, 아닙니다. 아버님께서는 상혁이를 아주 훌륭하게 키우셨습니다.

32

e스포츠의 역사

오늘날 e스포츠의 세계에서는 막대한 상금을 두고 치열한 경쟁이 펼쳐지며, 많은 사람들이 경기를 즐기기 위해 모입니다. 하지만 처음부터 게임이 스포츠로 인식된 것은 아닙니다.

하나 최초의 게임 대회

최초의 게임 대회는 1972년 미국 스탠퍼드 대학에서 열렸습니다. '스페이스워!'라는 우주선 조종 게임으로 학생들이 은하 우주 올림픽을 연 것이죠. 그런데 우승하는 사람에게는 상으로 상금이 아닌 잡지 구독권이 증정되었습니다. 정식 대회가 아닌 하나의 이벤트나 축제의 형태를 띠었기 때문이었어요. 지금의 e스포츠와는 사뭇 다른 모습이지만 게임으로 최초로 여러 명이 경쟁을 벌였다는 점에서 의미가 있습니다.

둘 정기적 리그의 시작

게임으로 진지하게 승패를 겨루고 우승자에게 큰 상금이 주어지기 시작한 것은 1997년 열린 레드 애니힐레이션 퀘이크 토너먼트입니다. 이 대회는 '퀘이크'라는 FPS 게임을 가지고 미국에서 열렸는데, 천 명이 넘는 사람들이 참여할 만큼 큰 규모였습니다. 이때 우승한 트래시 퐁은 이후 여러 대회를 휩쓸면서 10만 달러의 수입을 올렸고, 게임을 직업으로 삼게 되었습니다. 세계 최초의 프로 게이머가 탄생한 것이지요.

이에 힘입어 세계적인 게임 단체인 PGL이 생기며 정기적으로 리그가 열리기 시작했습니다. 하지만 아직까지 게임 대회는 스포츠라기보다는 특정 사람만 즐기는 오락거리라는 인식이 강했습니다.

셋 대중적 스포츠

세계적 규모의 게임 대회

e스포츠는 전략 시뮬레이션 게임인 스타크래프트의 폭발적인 인기와 함께 급성장하였습니다. 대중들의 관심과 사랑에 힘입어 여러 스타크래프트 대회가 열렸고, 기업의 후원을 받는 프로팀이 생겨나기에 이르렀습니다. 이러한 발전에는 방송의 영향 또한 컸습니다. 경기가 방송으로 중계되면서 더 많은 사람들이 쉽게 e스포츠를 접할 수 있게 된 것이지요. 그러면서 사람들은 점차 게임을 하나의 스포츠로 인식하게 되었습니다.

넷 세계 속 e스포츠의 미래

e스포츠는 2018년 자카르타-팔렘방 아시안 게임에서 처음 시범 종목으로 채택되었습니다.

2020년 코로나19가 전 세계를 휩쓴 뒤부터, 온라인 경기를 주로 하는 e스포츠가 크게 성장했습니다. 2022 항저우 아시안게임에서는 e스포츠가 처음으로 정식 종목에 채택되었고 한국 e스포츠 대표팀이 리그 오브 레전드, 베틀그라운드 모바일, 스트리트 파이터 5, FC 피파등 4개 종목에 출전하고 메달을 따내면서 e스포츠에 대한 기대감이 커지고 있습니다.

e스포츠의 게임 장르

⚔ RTS 게임

실시간 전략 게임을 뜻합니다. 대표적으로 '스타크래프트'와 '워크래프트'를 들 수 있으며, 1990년대 후반과 2000년 초반 e스포츠의 발전을 이끌었습니다.

⚔ FPS 게임

캐릭터의 시점으로 게임 공간을 누비며 무기로 적을 공격하는 장르입니다. 과거 e스포츠의 시작을 함께한 '퀘이크', 최근에 인기를 끈 '오버워치'가 이에 속합니다.

⚔ AOS 게임

RTS의 실시간 플레이와 역할 수행 게임인 RPG의 캐릭터 육성 같은 여러 요소들이 결합되어 있는 새로운 장르입니다. '도타', '리그 오브 레전드'가 대표적입니다.

2장

게임의 세계로

> 혼자만 잘한다고 해서
> 게임을 이기는 건 아니네.
> 확실히 협동이 중요해.

* 저그: 스타크래프트 게임에 등장하는 벌레의 모습을 한 외계 종족

페이커는 게임에 관심이 많았던 아버지와 함께 게임을 즐기곤 했습니다.

종합 전자 상가

야, 너 *워크래프트 해 봤어?

당근이지! 우리 동네에서 나만큼 잘하는 사람 없거든~?

상혁아, 너도 게임 같이 할래?

야, 상혁이는 범생이라 그런 거 안 해!

아냐. 나도 게임 좋아해. 무슨 게임인데?

정말? 그럼 오늘 끝나고 같이 피시방 가자!

*워크래프트: 미국 게임 개발사 블리자드 엔터테인먼트가 만든 중세 판타지 게임

그래, 거기서 그렇게 움직이면….

아하….

이런, 우리 팀이 져 버렸어! 아깝다.

하다 보면 익숙해질 거야!

하하, 오늘 처음 해 봤잖아!

혼자만 잘한다고 해서 게임을 이기는 건 아니네. 확실히 협동이 중요해. 근데 이거 은근히 재밌는데?

페이커는 금세 친구들과 함께 즐길 수 있는 온라인 게임에 푹 빠져들었습니다. 그리고 협동을 해야 하는 플레이 방식에서 매력을 느끼기 시작했습니다.

탁 타탁 탁

당시 열다섯 살이었던 페이커가 친구들과 함께 즐겨 했던 게임은 AOS 장르였습니다. AOS는 온라인상의 팀원들과 함께 힘을 합쳐 상대 팀원과 맞서 싸우는 팀플레이 방식의 게임이었습니다.

이런, 또 졌네….

어떻게 하면 전투에서 더 확실하게 이길 수 있을까?

만약 내가 방금 전 싸움에서 좀 더 자리를 지켰더라면?

그리고 좀 더 공격적인 장비를 사용했다면?

페이커는 게임을 할 때마다 여러 가지 더 좋은 전략을 고민했습니다. 페이커의 집중력과 치밀함은 팀플레이 게임에서 곧 빛을 발했습니다.

며칠 뒤

헐! 뭐냐?

말도 안 돼!

맞아, 이제 우리랑은 상대도 안 되잖아!

너, 진짜 며칠 전에 게임 시작한 거 맞아?

이처럼 한번 빠지면 끝까지 해내고야 마는 성격을 가진 페이커는 어떤 게임이든 굉장한 속도로 실력을 키우곤 했습니다.

그냥 집에서 연습 좀 한 거야!

헤헤

다녀왔습니다~

그래, 이제 오니?

상혁이가 중학생이 되더니 귀가 시간도 늦어지고, 말수도 많이 줄었네.

터덜

터덜

이대로라면 점점 가족끼리 대화할 시간이 줄어들 텐데…. 뭔가 좋은 방법 없을까?

흠..

탁 타탁

그러고 보니 컴퓨터가 오래돼서 불편해 보이던데.

46

페이커의 아버지는 늘 두 아들의 관심사가 무언지 살피며 아이들이 어떻게 지내는지, 무슨 생각을 하는지 알려고 노력했습니다.

집중

속-

상혁이 너,
요즘 그 게임을 많이
즐겨 하던데?

네, 온라인 게임인데
친구들이랑 경쟁하는 게
아주 재미있어요.

그거 알고 있니?
넌 게임할 때
그 어떤 때보다
진지한 표정으로
한다는 거.

깜짝!

제가요?

그야 아무래도
실시간 게임이고
상대방을 이기려고 하는
거다 보니까….

움찔

어쩌면 네가 게임에
타고난 재능이 있는 건지도
모르지~!

맞아요,
형 게임 엄청 잘해요!

머쓱..

내가 게임에
재능이 있다고?

난 그냥 게임에서
이기는 게 좋았을
뿐인데….

페이커의 게임 실력은 어느새 전교에 소문이 날 만큼 유명해졌습니다.

오늘은 상혁이 우리 편으로 데려갈 거야!

그런 게 어딨어! 상혁이만 있으면 이긴 거나 마찬가지잖아!

으악ㅡ!

얘들아, 나 팔 빠져! 내 파알~!

상혁아, 너 혹시 프로 게이머 해 볼 생각 없어?

응, 게임 실력만 좋으면 프로 대회 같은 데 나가서 상금도 받고, 무엇보다 유명해질 수 있잖아!

맞아, *임요환이나 *홍진호 선수처럼!

프로 게이머?

흐음....

*임요환, 홍진호: 스타크래프트 국내 리그를 전성기로 이끈 대한민국의 프로 게이머

정말 최고의 직업 아니냐? 평생 게임만 하면서 먹고살 수 있는 거잖아!

됐어~ 내 실력에 프로 게이머는 무슨~

절레

절레

아니야, 너 정도면 정말 가능하다니까?

그리고 무엇보다 우리가 하는 게임은 제대로 된 프로 대회가 있는 것도 아니잖아.

하긴….

??

머쓱..

그, 그런가?

프로 게이머라니, 내가 무슨….

안녕-!

장남인 내가 아버지랑 할머니에게 힘이 되려면 안정적인 직업을 가져야 해.

아들!

우리 손주~

한국은
e스포츠 강국!

매년 세계적인 게임 대회에서 한국 선수들이
활약하는 것은 이제 익숙한 풍경입니다.
외국에서는 한국 사람들은 모두
게임을 잘한다고 생각할 정도이지요.
이처럼 한국이 e스포츠 강국이 된
비결은 무엇일까요?

하나 초고속 인터넷 보급

한국에서는 1997년 외환 위기 이후 경제적 어
려움을 극복하고자 정부가 적극적으로 IT 기업
에 투자하기 시작했습니다. 그러면서 각 가정마
다 개인용 컴퓨터인 PC가 보급되고 인터넷이
매우 빠르게 발전했지요. 그러자 과거 오락실에
가야만 즐길 수 있었던 게임을 언제 어디서나
즐길 수 있게 되었습니다. 특히 인터넷을 통한
온라인 게임이 큰 인기를 누렸지요. 그러다 보
니 자연스럽게 국내 게임 개발사들은 서로 앞
다퉈 온라인 게임을 만드는 데 힘썼고 다양한
장르의 게임들이 쏟아져 나올 수 있었습니다.

둘 피시방의 인기

한국의 발달한 피시방 문화

IT 산업의 발전과 온라인 게임의 인기로 한국에
는 다른 나라에 없는 특유의 문화가 형성되었습
니다. 바로 피시방입니다. 피시방은 최고의 인터
넷 속도와 컴퓨터 사양을 갖춘, 게임하기에 최적

의 환경입니다. 학생들은 이곳에서 친구들과 많은 시간을 보내며 게임 대결을 펼쳤어요.

이런 문화적 기반으로 곧 한국에 유난히 뛰어난 프로 게이머가 많아질 수 있었습니다. 어렸을 때부터 쾌적한 환경에서 게임을 자주 접하다 보니 자연스레 게임 실력이 향상되면서 뛰어난 인재로 성장한 것입니다.

e스포츠 선진국, 한국

 협회의 체계적 관리

처음에 한국의 게임 대회는 피시방을 중심으로 이루어졌습니다. 그러다가 점차 그 규모가 커지고 참가자가 늘어나자 대회와 선수를 체계적으로 관리할 필요성이 생겨났습니다.

1999년, 한국e스포츠협회(KeSPA)가 설립되어 정부로부터 프로 게이머 등록 제도를 마련하고 정기적인 리그를 개최했습니다. 이는 게임에 대한 인식을 바꾸고 한국의 e스포츠 문화가 더욱 성숙할 수 있는 계기가 되었습니다.

 다양한 인재 육성 시스템

우리나라에는 축구나 야구처럼 기업의 후원을 받는 e스포츠 프로 게임 팀이 존재합니다. 그래서 선수들이 전문적 훈련을 받으며 실력을 지속적으로 향상시킬 수 있지요. 또 프로 팀에서는 유망주들을 어릴 때부터 스카우트하여 교육

하는 제도를 운영하고 있습니다. 이외에도 한국에는 여러 아마추어 대회가 있어 인재들이 실력을 겨룰 수 있는 기회가 열려 있습니다. 이처럼 한국에는 다양한 인재 육성 시스템이 마련되어 있기에 뛰어난 프로 게이머들이 많이 배출될 수 있었습니다.

 지식 사전

세계 속 한국 e스포츠의 위상

📌 리그 오브 레전드 월드 챔피언십 5년 연속 우승

📌 스타크래프트 II 월드 챔피언십 시리즈 6년 연속 우승

📌 국제e스포츠연맹 월드 챔피언십 8회 종합 우승

📌 2022 항저우 아시안게임 e스포츠리그 리그 오브 레전드 금메달

3장

소환사의 협곡에 나타난 고전파

> 리그 오브 레전드?
>
> 꽤 재밌어 보이는데.
>
> 한번 해 볼까?

'리그 오브 레전드'는 라이엇 게임즈라는 미국의 게임 회사에서 제작한 온라인 게임입니다. 흔히 줄여서 '롤'이라고 부르지요.

미국 라이엇 게임즈 본사

롤은 다섯 명이 팀을 만들어서 상대방 팀과 맞서 싸워 승리를 목표로 하는 *모바 장르의 게임이었습니다.

＊모바(MOBA): Multiplayer Online Battle Arena의 약자로 적의 본진을 점령하는 것을 목표로 상대편 플레이어와 전투를 벌이는 형식의 게임 장르

그럼 한번 시작해 볼까~

일단 게임이 시작되면 각자 *챔피언과 포지션을 고르는구나.

챔피언이 가진 능력에 따라 맡을 수 있는 포지션이 정해져 있고….

*챔피언: 리그 오브 레전드에서 게임 캐릭터를 지칭하는 용어

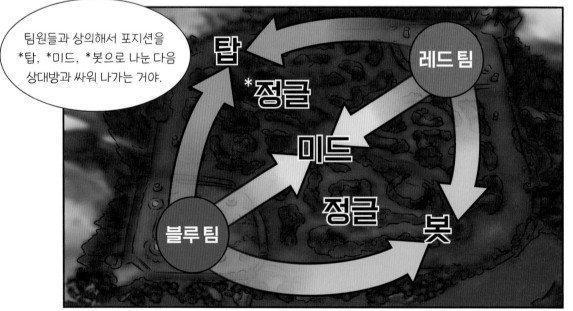

팀원들과 상의해서 포지션을 *탑, *미드, *봇으로 나눈 다음 상대방과 싸워 나가는 거야.

탑

레드 팀

*정글

미드

정글

블루 팀

봇

*탑: 맵의 위쪽에 위치한 길로 '탑 라인'이라고 부름
*미드: 맵의 정중앙 지역으로 '미드 라인'이라고 부름
*봇: 맵의 아래쪽에 위치한 길로 '봇 라인' 혹은 '바텀'이라고 부름
*정글: 맵에서 탑, 미드, 봇 라인을 제외한 나머지 지역

이건 못 보던 게임이구나. 새로 나온 게임이니?

어? 할머니!

요즘 인기 많다고 얘기했던 그 게임인가 보네.

맞아요, 기억하고 계시네요~!

우리 손주가 좋아하는 게임인데 당연하지~ 전문 선수도 있다면서?

네, 외국에는 벌써 프로 팀도 있다는 것 같아요.

탁

타탁

타

아, 혹시 뭐 도와드릴 일 있나요?

됐어, 됐어! 게임에 집중해라~

벌떡

보아 하니 다 같이 하는 게임 같은데 같은 팀원들한테 실례잖니!

하하….

어느 날

응? 왜 이러지?

1시간 17분

예전에 비해
*매칭 시간이 너무 오래 걸리는데?
뭔가 잘못됐나?

어느새 승률이 너무 높아지면서 비슷한 실력의 플레이어들과 만나기 힘들어졌습니다.

다른 플레이어를 기다리는 중…

이런~ 이제 500승 정도
한 것 같은데 벌써 이런다고?

이렇게 된 이상
결국 랭크 게임으로
돌릴 수밖에 없나?

랭크 게임은 그동안 페이커가 주로 하던 일반 게임과
달리, 점수에 따라 등급이 결정되면 공식적으로 순위가
기록되는 보다 전문화된 게임 방식이었습니다.

그동안 게임에 너무
빠질까 봐 일반 게임만
해 왔는데….

어쩔 수 없지.

클릭!   비공개 선택

개인/2인 랭크 게임
자유 랭크 게임
4인 파티로는 참여가 불가능합니다.

*매칭: 다른 온라인 유저들과 같은 게임에 세팅되는 과정

65

어느 피시방

시끌 시끌

그리고 얼마 지나지 않아 롤의 랭크 게임 세계에 혜성 같은 신인이 나타나게 됩니다.

야, 이것 좀 봐!

아, 뭔데 그래?

툭

여기 상대편 멤버 중에 이 사람, 고전파잖아!

zi존짱지은
미드

고전파

고전파? 얼마 전부터 랭겜에 나타났다는 그 유저?

그렇게 잘한다던데, 어디 한번 실력 좀 볼까?

재밌겠다, 나도 구경할래!

헐~ 뭐냐, 이 움직임은?!

엄청 재빠른데? 야, 너 큰일났다!

66

으아! 완전히 깨졌잖아!

고전파 진짜 굉장한데⋯. 어디서 저런 실력자가 나타났지?

어느 날 갑자기 나타나 롤 랭크 게임에서 엄청난 실력을 떨치기 시작한 닉네임 '고전파'는 당시 리그 오브 레전드를 즐기던 유저들에게 큰 관심을 끌었습니다.

당연히 봤지! 나 요즘 그거 보고 무빙 연습 중이라니깐?

야, 너 고전파 플레이 영상 봤냐?

ㅋ|존최강컨트롤

갓전파 뭐냐 진짜. 최고네. 대박 사건ㄷㄷㄷ

떡볶이킬러

분명히 최상위 랭커 유저가 부계정으로 돌리는 아이디일 거야!

젤리석류맛있당

국내 최상위 랭커 중에서도 저런 플레이 스타일은 없었음. 분명 해외 유저일듯?

눈치챙겨펑펑

와아, 저 정도면 프로 게이머 선수해도 되겠는데?;;;;

덕분에 인터넷 게시판에서는 한동안 고전파의 정체에 대한 논쟁이 이어지기도 했습니다. 물론 고전파의 정체는 다름 아닌,

고등학생 페이커였습니다.

좋아! 이겼다!

챔피언 ⬍	Kill ⬍	
라이즈	7.3	
애니비아	6.7	
리 신	5.8	
카서스	6.5	
신드라	9.5	4.1
베인	7.8	4.8
트위스티드 페이트	7.	

와, 어느새 랭크 게임 등급도 꽤나 올라왔네.

조금만 더 노력하면 1등도 노려 볼 수 있겠는데?

상혁아, 내일 학교 가야 하는데 이만 자야지.

네, 아빠. 이번 판만 끝내고 잘게요.

요즘 부쩍 게임에 빠진 것 같은데….
주의를 좀 줘야 하나?

하긴, 저 녀석도
이제 고등학생인데….

절레

아니야. 여태까지 한 번도
나를 실망시킨 적 없는 아이니까.
좀 더 믿어 보자.

그로부터 얼마 지나지 않아 페이커는 리그 오브 레전드 국내 랭크 1위를 기록하였습니다.

순위	소환사명	현재 점수
1	고전파	2509
2	yelloout	2356
3	김로렌	2339
4	The Patience	2336
5	AyumiSakuraCat	2334
6	SMD Unknown	2331

와!

어쩌다 보니
1등을… 했네?

자, 수업 끝! 점심 맛있게 먹어라!

와~ 밥이다!

시끌

시끌

상혁아, 네가 우리나라 랭크 1위라는 게 정말이야?

응. 그런데 왜?

냠

진짜?! 왜 여태 말 안 했어?

뭐 어차피 게임 랭크인데, 뭘.

야, 너 이럴 게 아니라 아마추어 대회라도 한번 나가 봐!

요즘 프로 대회뿐만 아니라 여기저기서 아마추어 대회도 많이 열잖아.

그래. 대한민국 1등인 네가 안 나가면 누가 나가냐?

응? 대회?

당시 리그 오브 레전드가 선풍적인 인기를 끌자, 아프리카TV라는 인터넷 방송 플랫폼에서도 리그 오브 레전드 아마추어 대회가 종종 열리곤 했습니다.

대회라면 우승 상금도 있겠네?

프로 대회만큼은 아니라도, 당연히 있겠지!

아마추어 대회라…. 한번 나가 볼까?

흠..

랭크 1위를 달성하여 자신감을 얻은 페이커는 당시 최정상 플레이어였던 몇몇 유저들과 팀을 결성하여 아마추어 리그에 참가하기도 했습니다.

다들 반갑습니다.
우승까지 힘내 보죠!

좋죠! 잘해 봅시다!

권지민(닉네임 레이스)

우아, 고등학교
2학년이 대회를…?

배성웅(닉네임 뱅기)

이상혁(닉네임 고전파)

김찬호(닉네임 썸데이)

이석현(닉네임 캬하하)

시청자 여러분!
지금부터 리그 오브 레전드
아마추어 리그를
시작합니다!

* **오리아나:** 리그 오브 레전드의 캐릭터 중 하나로 공 모양의 구체를 조종하는 로봇형 마법사

아마추어 리그에서 우승을 거두고 얼마 뒤 페이커는
게임 채팅으로 메시지를 받게 됩니다.

게임 중독은
질병일까?

최근 들어 게임 중독이 심각한 사회 현상으로
등장하면서 게임에 대한 부정적인 목소리가
계속 나오고 있습니다.
어떤 의견이 있는지 살펴보고
이를 해결할 방법을 알아봅시다.

 일상이 된 게임

빠르게 발전하는 모바일 게임 산업

온라인 게임에 이어 최근에는 모바일 게임 산업
도 급격히 성장하면서 보다 많은 시간 게임을 즐
길 수 있는 환경이 마련되었습니다.

2020년 실시한 조사에 따르면 한국인 게임 이용
자 중 약 45%가 일주일에 6~7일 게임에 접속한
다고 합니다. 이제 게임과 생활을 따로 떼어 생
각하기 힘들 정도가 된 것이지요. 그런데 게임
이용 시간이 급격히 늘어나자 여러 가지 사회 문
제가 발생하기 시작했습니다.

둘 게임 중독은 질병이다 vs 아니다

가장 문제가 된 것은 게임 중독이었습니다. 게
임에 지나치게 몰입하여 일상생활을 제대로 못
하는 사람들이 생겨난 것이지요. 이 때문에 한
국에서는 게임 시간을 법적으로 제한하는 '셧다
운 제도'를 도입하기도 했습니다. 2019년에 세
계 보건 기구(WHO)에서는 게임 중독을 마약,

술, 담배 중독처럼 질병으로 분류해야 한다는 안건이 통과되기도 했습니다.

그러자 게임을 하는 것 자체를 질병으로 보는 주장이 생겨났지만 이에 대한 반박 또한 거셌습니다. 게임은 여가 시간을 윤택하게 만드는 하나의 문화라는 주장이지요. 또한 게임 중독의 원인은 게임 그 자체의 영향보다 개인이 처한 환경의 문제가 더 크다는 주장도 제기되었습니다.

 ## 게임 건전하게 즐기기

게임을 둘러싼 다양한 의견 중에 어느 쪽이 맞다고 단언할 수는 없습니다. 하지만 무엇이든 지나치면 문제가 되는 법이지요. 그러므로 게임도 건전하고 적절히 즐기는 것이 바람직합니다.

● 나만의 게임 규칙 만들기
무작정 게임을 참는 것보다 나만의 게임 조절 능력을 기르는 것이 중요합니다. 예를  들어 '1시간만 게임하기', '숙제 끝내고 게임하기', '밥 먹을 때는 게임하지 않기'와 같이 게임 규칙을 정하는 것이 좋습니다.

● 연령 제한 준수하기
게임마다 즐길 수 있는 나이가 정해져 있습니다. 자기 나이에 맞지 않는 게임은 하지 않아야 합니다.

● 매너 지키기
온라인 게임은 다른 사람과 팀을 이뤄 소통하는 경우가 많습니다. 이때 욕설을 쓰거나 상대방을 비방하지 않도록 주의해야 합니다. 여러 게임 개발사들은 플레이어들의 게임 매너 개선을 위해 부정적인 채팅을 제재하거나 심할 경우 게임 계정을 정지시키기도 합니다.

게임 등급 분류

게임 산업 진흥에 관한 법률에 따라 제작 및 배급되는 게임은 출시하기 전에 게임물관리위원회의 등급 분류를 받아야 해요.
등급을 받는 기준은 선정성, 폭력성, 공포, 범죄, 약물, 언어의 부적절성, 사행성으로 총 일곱 가지예요.

 전체 이용가
누구나 이용할 수 있는 게임물

 12세 이용가
12세 미만은 이용할 수 없는 게임물

 15세 이용가
15세 미만은 이용할 수 없는 게임물

 청소년 이용 불가
청소년은 이용할 수 없는 게임물

4장

페이커, e스포츠의 새 시대를 열다

> 직접 확인하고 싶어.
>
> 내 실력이 과연 프로 세계에서도
>
> 통하는 실력인지.

어… 그러니까….

저를 T1의 프로 게이머로 스카우트하고 싶다는 말씀이신가요?

그래요, 상혁 군. 그동안 상혁군의 게임 플레이를 계속 지켜봤거든.

하지만 전 이제 겨우 고등학교 1학년인데요.

나이가 적은 건 별로 중요하지 않아요. 아니….

오히려 나이가 어릴수록 경기 집중력과 반응 속도가 더 좋기 때문에 유리합니다. e스포츠도 구기 스포츠와 마찬가지로 일류 선수들은 유소년 시절부터 전문 트레이닝을 시작합니다.

상혁 군도 최상위 랭커니까 잘 알고 있죠? 리그 오브 레전드 같은 게임에서는 0.1초의 판단이 승패를 가른다는 것을!

네, 그건 맞는 말씀이에요.

끄덕

우리 T1은 상혁 군처럼 젊고 실력 있는 플레이어들을 모집 중입니다.

우리와 함께 e스포츠 세계에서 전설을 만들어 보지 않겠습니까?

프로 게이머...?

흠...

당장 대답을 드리긴 어려울 것 같아요.

물론 생각할 시간이 필요할 겁니다. 하지만 가능하면 빨리 결정해 주면 좋겠어요.

자, 이 공식에서 b 값을 더하면….

멍—

페이커는 프로 게이머가 될 기회를 얻었지만 쉽사리 결정하지 못했습니다.

내가 게임을 좋아하는 건 분명한 사실이지만 직업으로 삼는 건 다른 문제야.

애초에 나 같은 아마추어 선수한테 당장 많은 연봉을 줄 리도 없고…. 막상 내가 예상만큼 제대로 활약하지 못한다면?

하지만 프로 게이머가 된다면 내 실력을 당당하게 보여 주고, 전 세계의 랭커들과 대회에서 승부를 겨룰 기회도 생길 텐데….

오...

이상혁!

깜짝

ㅋㅋ

무슨 생각을 그렇게 골똘히 하고 있니? 수업 시간에는 집중해야지~

ㅋㅋㅋ

ㅋㅋ

하하하

죄, 죄송합니다!

수업 시간에 누구보다 성실하던 녀석이? 뭔가 고민이라도 있나?

프로 게이머가 분명
미래를 장담할 수 없는
직업인 건 사실이야.

하지만 확실한 건
분명 누구에게나
쉽게 주어지는 기회는
아니라는 거야.

직접 확인하고 싶어.
내 실력이 과연
프로 세계에서도
통하는 실력인지.

하지만… 역시 이건 함부로
결정할 문제는 아니겠지.

그래, 그런 일이 있었구나.

네가 게임을 좋아하고 또 잘한다는 건 나도 잘 알고 있다.

물론 상혁이 너가 알아서 잘하겠지만…. 프로 게이머라는 직업이 아직 아빠는 생소하구나.

알아요, 아빠.

저도 나름대로 며칠 동안 계속 고민을 거듭했어요. 불확실한 미래가 두렵기도 하고요.

하지만 저는 이런 귀중한 기회를 놓치기 싫어요. 이 기회에 프로 게이머로 데뷔하고 싶어요.

음….

하지만 당장 학교까지 그만둬야 한다는 건 좀….

그건 어쩔 수 없는 부분입니다. 대부분 10대에 프로 게이머를 시작하니까요.

프로 게이머가 되면 다른 팀 멤버들과 함께 거의 하루 종일 연습을 해야 합니다.

그래서 학교 수업과 병행하는 건 어렵습니다.

하지만 최소한 고등학교는 졸업해야 할 텐데….

다른 프로 선수들 역시 대부분 그렇게 하고 있습니다. 너무 걱정하지 마세요.

네. 저는 잘 모르는 분야다 보니 조금 당황을 해서….

90

그런 일이 있으셨군요.

중대한 결정이라 고민이 많으셨겠어요.

역시 학교를 그만두면서까지 프로 게이머를 선택하는 건 좀 그렇겠죠?

아버님. 상혁이는 또래들 중에서도 똑똑하고 성실한 학생입니다.

그런 상혁이가 학교를 그만두게 된다면 저 역시 아쉽겠지요. 하지만….

오히려 그렇기에 저는 상혁이가 원하는 것을 시켜 주는 것이 좋다고 생각합니다. 상혁이라면 공부는 언제든지 다시 시작할 수도 있어요.

프로 게이머가 되는 건 몹시 드문 기회니까요.

아빠, 그렇다면….

그래,
네가 하고 싶은 걸
했으면 좋겠다는
뜻이야.

고마워요, 아빠!
저 정말로 잘할 수
있어요!

기왕 하는 김에
열심히, 그리고 최고가
되어 보거라!

와각

아버지는 페이커의 생각을 존중해 주었습니다.

2013년, 결국 페이커는 고등학교를 중퇴하고 본격적으로 프로 게이머의 길을 걷기 시작했습니다.

상혁아, 너와 함께할
T1의 멤버들이란다.
인사하렴.

다들 반가워!
나는 이상혁이라고 해.

안녕~

마침내 페이커를 포함한 T1의 리그 오브 레전드 팀이 완성되었습니다.

배성웅
(닉네임 뱅기)

이상혁
(닉네임 고전파)

이정현
(닉네임 푸만두)

정언영
(닉네임 임팩트)

채광진
(닉네임 피글렛)

대부분 어린 나이에 아마추어 출신이었지만 김정균 코치가
눈여겨보던 당시 최상위 플레이어들이었습니다.

이들은 숙소에서 생활을 같이하며, 대회에 나가기 위해 밤낮으로 연습을 거듭했습니다.

집중 -

각자가 맡은 포지션을 확실하게 소화하는 게 무엇보다 중요하다! 또 임기응변만으로 모든 상황을 대처하는 데에는 한계가 있다.

게임에 관해 외울 수 있는 정보는 모두 암기해 두도록!

오...

오...

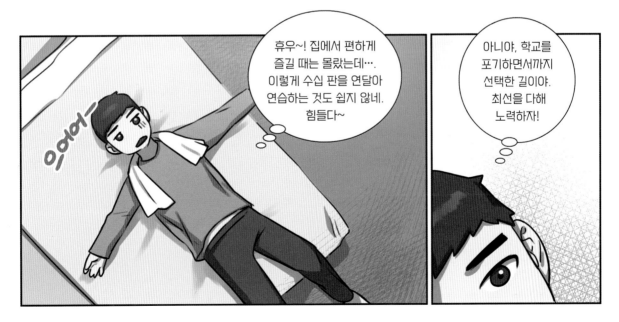

으어어-

휴우~! 집에서 편하게 즐길 때는 몰랐는데···. 이렇게 수십 판을 연달아 연습하는 것도 쉽지 않네. 힘들다~

아니야, 학교를 포기하면서까지 선택한 길이야. 최선을 다해 노력하자!

*임팩트(Impact): '충격', '충돌' 등의 뜻을 가진 영어 단어

페이커와 T1 멤버들은 예선전과 8강까지 엄청난 활약을 보여 주며 많은 사람들을 놀라게 했지만,

T1 페이커 선수의 *니달리, 그야말로 귀신 같은 움직임!

모든 미드 라인 챔피언을 다 다룬다는 소문이 진짜였나 봅니다!

당시 프로 리그의 강호였던 MVP 오존 팀과의 대결에서 안타깝게 패하고 3위에 그쳐야 했습니다.

끄응···

윽···. 이런!

완전히 만족할 만한 성적은 아니지만 첫 출전치고는 나쁘지 않았어~

자, 다들 이번 대회를 겪은 소감이 어떠냐?

*니달리: 리그 오브 레전드의 캐릭터 중 하나로 자신의 형태를 표범과 인간으로 바꿀 수 있는 변신형 챔피언

그동안 우물 안 개구리였다는 생각이 들었어요….

강팀을 상대했을 때, 게임 내내 끌려다닌다는 느낌이었습니다….

너희들 각자 개개인 실력은 우승 팀과도 뒤떨어지지 않아. 아니, 난 오히려 더 낫다고 생각한다.

정말요?

다만 아직 대회 경험이 부족해서 팀 연계 플레이가 약해. 앞으로는 그 부분을 집중적으로 연습하도록 하자.

진짜는 이제부터다. 다가오는 여름 대회야말로 너희 진짜 실력을 증명할 무대라는 걸 잊지 마라!

네, 코치님~!

몇 달 뒤, LCK 서머 시즌 대회가 개최되었습니다.

좋아, 좋은 페이스다!

T1은 놀랍게도 16강 그리고 8강 경기에서 단 한 판도 지지 않고 압도적인 성적을 거두며 4강에 진출했습니다.

T1! 지난번과는 사뭇 다른 모습을 선보이고 있죠?

지난 대회에서 굴욕을 당했던 MVP 오존 팀을 상대로 여태까지의 모든 약점을 극복하여 3 대 1로 승리를 거뒀습니다.

이럴 수가! 지금 이게 몇 달 전 패배했던 T1이 맞나요?

엄청난 팀플레이! MVP 오존을 상대로 승리를 거둡니다!

와아아아아

그리고 대망의 결승전. 유력한 우승 후보 KT 롤스터 팀과 SK T1 팀의 전설적인 대결이 시작되는 순간이었습니다.

하지만 총 5세트의 시합에서 두 번 연속 패배하게 되고

두 번째 세트 역시 KT가 승리를 거머쥡니다!

하아

이대로는 안 돼!

어떡하지? 한 판만 더 지면 패배 확정인데….

음….

'제드'는 재빠른 움직임과 분신술로 상대방을 순식간에 처치할 수 있는 암살자형 캐릭터였습니다.

대신 그만큼 약한 방어 능력 때문에 순간의 판단력이 더 중요한 캐릭터이기도 했습니다.

이번 판, 내가 제드로 플레이 할게.

괜찮겠어? 자칫 실수라도 했다간….

실수 따윈 하지 않아. 날 믿어 봐!

101

결국 SK T1 팀은 KT 롤스터 팀을 누르고 2013년 LCK 서머 시즌에서 우승을 차지했습니다. 눈부신 활약을 선보인 페이커는 시즌 MVP에 선정되는 영예를 누리게 되었습니다.

새로운 세대의 서막이 열리고 있습니다! 이번 대회에서 명실상부한 전설을 새긴 페이커!

와아아아아—!

하지만 e스포츠의 전설은 이제 막 시작됐을 뿐이었습니다.

한국 e스포츠의 위기와 부활

한국 e스포츠의 역사가 늘
순탄하기만 한 것은 아니었습니다.
한때 한국 e스포츠도 고난의 길을 걸었던
적이 있습니다. 과거 국내 e스포츠를
뒤흔들었던 사건과 그 극복 과정을
살펴봅시다.

하나 승부 조작 사건

매년 리그가 열릴 때마다 수많은 관중을 몰고
다닐 만큼 큰 인기를 누렸던 e스포츠는 2007
년 세계적인 금융 위기가 닥치면서 흔들리기
시작했습니다. 자금이 부족해지며 리그가 중단
되기도 했지요. 2010년 불미스러운 사건이 터
지면서 상황은 더욱 나빠집니다. 일부 프로 게
이머들이 돈을 받고 일부러 게임에서 지는 등
의 승부 조작 사건이 발생한 것이지요. 최선을
다해 승부를 벌여야 할 프로 선수들이 절대 해
서는 안 될 불법 행위였습니다.

둘 한국 e스포츠의 암흑기

승부 조작 사건으로 한국 e스포츠의 위상은 크
게 흔들렸습니다. 기업들은 e스포츠의 이미지가
하락하자 지원을 중단했고, 이에 타격을 받은 많
은 프로 팀이 해체되었습니다.
가장 큰 문제는 팬들이 느낀 실망감이었습니다.
팬들은 프로 게이머들의 승부를 더 이상 믿지 못
하게 되었고 e스포츠에 등을 돌리게 되었습니다.
결국 인기가 사그라들면서 스타크래프트 리그가
아예 폐지되기에 이르렀지요. 당시 한국 e스포츠
의 중심이었던 스타크래프트 리그가 사라지면서
한국 e스포츠는 암흑기를 맞이합니다.

셋 재발 방지 노력과 부활

정정당당하지 못한 게임 승부 조작

국내 e스포츠 전체가 위기에 빠지자 한국 e스포츠협회에서는 이를 극복하기 위해 다양한 노력을 기울였습니다. 승부 조작의 재발 방지를 위해 선수들을 대상으로 소양 교육을 실시하고, 지속적인 감시 시스템을 마련했지요.

이와 같은 노력과 더불어 리그 오브 레전드가 등장하면서 한국 e스포츠는 다시 일어설 수 있었습니다. 리그 오브 레전드가 큰 인기를 끌며 새로운 리그들이 생겨나기 시작했고, 페이커와 같은 한국 프로 선수가 세계 무대에서 활약하면서 한국 e스포츠는 또다시 전성기를 맞이하게 됩니다.

넷 풀어야 할 숙제

아직도 한국 e스포츠에는 해결해야 할 문제가 남아 있습니다. 리그가 특정 게임에만 너무 집중되어 다양성이 부족하다는 점입니다.

과거 스타크래프트 리그가 사라지자 e스포츠 전체가 위기를 맞이한 것만 봐도, 한 게임 종목에만 의존하는 것은 위험이 따르는 일이었습니다. 또한 아직도 한국에서는 게임에 대한 부정적 인식이 남아 있다는 점도 e스포츠가 넘어야 할 산이지요.

하지만 e스포츠에 대한 인식이 최근 많이 달라지기 시작했습니다. 2018년 자카르타-팔렘방 아시안 게임에서 e스포츠가 시범 종목으로 선정되면서부터입니다. 이에 따라 지상파 채널에서는 정식 중계 방송을 편성했습니다.

그동안 온라인이나 게임 전문 채널에서만 e스포츠 경기를 볼 수 있었던 것과는 매우 다른 모습입니다. e스포츠가 지상파 채널에 중계되면서 많은 대중들에게 긍정적 인식을 주는 데 큰 영향을 끼쳤습니다.

또 주요 스포츠들과 달리 e스포츠는 시청자의 평균 연령이 낮습니다. 즉 앞으로 더욱 발전할 가능성이 많다는 의견이 있지요. 그래서인지 최근 세계적인 기업들이 e스포츠에 대한 경제적 지원을 아끼지 않고 있습니다.

5장

페이커! 페이커! 페이커!

> 여러분,
> 너무 많이 응원하실
> 필요는 없습니다.
> 저희는 다음에
> 또 돌아올 거니까요!

미국 로스엔젤레스 공항

슈우웅ㅡ

우리가 미국에 오다니….

우아, 나 미국 처음 와 봐!

와아!

T1 멤버들은 압도적인 실력으로 국내 리그를 휩쓸었습니다.
같은 해, 롤 월드 챔피언십 본선에도 진출하게 되었습니다.

이 녀석들.
들뜨는 것도 좋지만,
우린 놀러 온 게
아니라는 건
알고 있지?

흔히 '롤드컵'이라고 불리는 롤 월드 챔피언십은 전 세계 각국에서 최고의 실력을 가진 국가 대표 선수들이 서로 실력을 겨루는 국제 대회입니다. 가장 큰 규모의 롤 대회이지요.

그러니까 더욱 잘해서 돋보여야지~!

하지만 한국 대표 팀이 저희만 있는 건 아니잖아요?

너희는 우리 한국을 대표하는 선수들이라는 사실을 잊지 말아라!

크흥-

두둥-

오오~ 엄청 크다!

경기장을 보니 실감이 나는데….

야, 너 어제 페이커 경기 영상 봤냐?

당연하지! 난 오늘부터 페이커 플레이 따라서 연습할 거야!

2013년, 엄청난 슈퍼 플레이로 전 세계를 놀라게 한 페이커는 순식간에 e스포츠계의 슈퍼스타로 떠올랐습니다. 당시 대회에 참여했던 T1 멤버들의 이름을 딴 게임 *스킨이 발매되었을 정도예요.

내 이름을 딴 게임 아이템이 공식으로 등록되다니, 엄청난 영광이야!

이제 국내뿐만 아니라 전 세계에서 페이커의 이름이 알려지게 되었습니다.

페이커는 누구?

WHO IS FAKER?

역대 최고 롤 플레이어의 등장

*스킨: 게임 캐릭터들의 겉모습을 바꿀 수 있는 캐릭터 꾸미기 아이템

저기…
페이커 선수 맞죠?

헉!

?

저 팬이에요!
여기 사인 좀!

네?
제 사인이요?

꺄~

헐… 연예인도 아니고
내가 사인을 해 주는 날이
올 줄이야.

쑥스

안녕~

내가 갑자기
이런 엄청난 관심을
받아도 되는 걸까?
게임 말고는 내세울 것
하나 없는데.

끼익

이럴수록
팬들이 실망하지 않게
다음 대회에서도 좋은 모습을
보여 줘야겠지?

하지만 그런 영광이 계속 이어지지만은 않았습니다. 같은 해 국내 판도라 티브이 롤 챔피언스 윈터 시즌 대회에서는 전승으로 우승하며 여전히 T1의 막강한 실력을 보여 줬지만,

같은 팀 이정현 선수가 건강이 악화되어 휴식을 발표하면서 그가 맡고 있던 포지션에 선수를 새로 구해야 했습니다.

건강이 먼저죠, 형.
푹 쉬다 오세요.

미안하다,
금방 돌아올게.

미안..

팀의 주장이자 맏형이었던 이정현 선수가 팀을 잠시 떠나게 되면서 T1의 팀워크는 흔들릴 수밖에 없었습니다.

당장 대회가 코앞인데 이제 와서 새 멤버와 호흡을 맞출 수 있을까?

결국 2014년 핫식스 롤 챔피언스 스프링 시즌 대회 8강전에서 삼성 갤럭시 오존 팀에게 3 대 1로 완패하며 팀 창단 이래 처음으로 4강 진출에 실패하고 말았습니다.

같은 해 롤드컵 선발전

아~ 어떻게 된 걸까요! 페이커 선수! 일대일에서 패배했습니다!

전에 없던 실수를 연발하고 있어요~

엇! 여기서 실수를 하다니!

천하의 페이커도 나무에서 떨어질 때가 있는 거겠죠?

페이커의 치명적인 실수가 연이어 일어났습니다. 페이커와 T1은 롤드컵 본선 진출조차 실패하는 커다란 굴욕을 맛봐야 했습니다.

대회에서 그런 치명적인 실수를 몇 번이나 하다니…. 내가 너무 안일했어.

이전에도 연습을 게을리한 적이 없던 페이커였지만 더욱 연습에 박차를 가했습니다.

조금 유명해졌다고 벌써 이렇게 허술한 모습을 보이다니. 정신 차리자, 이상혁! 아니, 페이커!

어?

페이커는 너무 열심히 연습을 한 나머지 시력이 나빠져 이때부터 안경을 쓰기 시작했습니다.

상혁아, 좀 쉬면서 해. 잠은 자야지.

먼저 쉬어. 난 조금만 더 하다 갈게.

몇 번의 실수가 있긴 했지만, 페이커는 끝까지 포기하지
않았습니다. 결국 팀의 우승을 이끌어 냈습니다.

와아~

후유~

T1의 역전승!
이번 대회의 우승은 T1입니다!

뒤이어 다시 진출한 2015년 롤드컵 무대에서도 국내 프로 팀인
쿠 타이거즈 팀을 꺾고 우승 트로피를 거머쥐게 되었습니다.

와아~

페이커가 돌아왔습니다!
자신의 왕좌를 되찾기 위해!

이는 2013년에 이어 롤드컵 사상 최초
2회 우승으로, 다시 한번 '페이커'라는
전설을 되새기게 된 것입니다.

118

이듬해 2016년도 T1과 페이커의 해라고 해도 과언이 아닐 만큼 페이커는 엄청난 활약을 선보였습니다.

이걸로 롤드컵에서의 우승을 세 번이나 누리게 되었는데요, 소감이 어떠신지요?

페이커는 2016년 롤드컵에서도 또 한 번 우승을 차지했습니다. 또 롤드컵 대회의 MVP로 선정되기도 했습니다.

쉽지 않은 대회였지만, 팀원들의 도움과 팀워크로 이겨 낼 수 있었습니다.

하지만 너무 많이 응원하실 필요는 없습니다. 저희는 다음에 또 돌아올 거니까요!

별님뉴스
2016 미드시즌
인비테이셔널 대회 우승

LoL 세계의 제왕
T1을 누가 막을 것 인가!

와아아

꺄

♥우리혁♥

1년 뒤인 2017년 롤드컵 결승전. 이날은 오로지 페이커를 보기 위해 4만 명의 관객이 모였고 티켓은 1분 만에 매진될 정도로 열기가 뜨거웠습니다.

페이커의 자신만만한 인터뷰대로 T1 팀은 또다시 롤드컵 국제 대회 결승전까지 진출해 냈습니다.

후유~ 하나같이 쉽지 않은 경기였지만, 다시 여기까지 왔구나.

결승전에서 만난 상대 팀은 같은 한국의 삼성 갤럭시 팀이었습니다.

상혁아, 조심해라. 저쪽에서는 반드시 너를 집중적으로 공략하려 들 테니까.

네! 알고 있어요, 코치님.

단 한 번도 경기 결과에 대해 내색하지
않던 페이커였지만 처음으로 눈물을
흘리고 말았습니다.

아~ 페이커 선수,
결국 참지 못하고 눈물을
흘리고 있습니다!

페이커~!

FAKER

상혁아, 너무 속상해 하지 말아라. 네가 엄청나게 노력한 것을 잘 알고 있으니까. 나는 네가 너무나 자랑스럽다!

너무 슬퍼할 것 없습니다. 페이커의 전설은 아직 진행형이니까요! 다음 대회에서 더욱 멋진 활약을 해 주리라 믿습니다!

페이커!

후회와 아쉬움, 자책감이 뒤섞인 페이커의 눈물이었습니다. 이를 본 경기장의 수많은 관중들이 페이커의 이름을 외치며 그를 위로했습니다.

e스포츠에 필요한
신체 능력

e스포츠는 다른 스포츠 종목과는 달리
책상에 앉아서 승부를 봅니다.
이 때문에 e스포츠와 신체 능력은
아무 상관이 없다고 생각할 수 있지만
실은 그렇지 않습니다. e스포츠에 필요한
신체 능력은 무엇일까요?

하나 반응 속도

예를 들어 축구에서 육체 능력이 좋다는 것은
키가 크거나 근육이 많은 것처럼 외형적 조건이
좋은 경우를 말합니다. 하지만 e스포츠에서 우
수한 육체 능력이란 주로 빠른 반응 속도를 가
리킵니다. 모니터 화면의 색깔이 바뀌는 순간
마우스를 클릭하는 간단한 게임으로 실험한 결
과, 프로 게이머들의 평균 반응 속도는 150ms
였다고 합니다. ms(밀리세컨드)는 1,000분의 1초
를 가리키는 단위로, 쉽게 말해 프로 게이머들
은 0.15초의 반응 속도를 보인 것입니다. 게임은
특성상 진행 속도가 매우 빠르고 다양한 변수가
끊임없이 발생하므로 반응 속도가 빠르다는 건
프로 게이머에게 장점입니다.

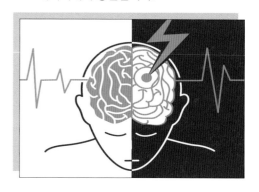

둘 APM

축구에서는 주로 발이 쓰이므로 발이 빠르면 유
리하지요. 마찬가지로 e스포츠에서는 손으로 기

기를 조작하기 때문에 손이 빠른 것이 매우 중요합니다. e스포츠에서 손의 빠르기를 재는 기준으로는 APM이 있습니다. APM은 스타크래프트 등 RTS 장르에서 사용하는 용어로 1분 안에 얼마나 많은 명령을 내리는지를 측정하는 수치입니다. 이 수치가 높을수록 같은 시간에 더 많은 명령을 내릴 수 있어요.

빠른 손이 중요한 e스포츠

 **기본 체력**

e스포츠 선수들에게도 기본 체력은 필수적인 요소입니다. 적당한 근육은 바른 자세를 유지하도록 도와 오랜 시간 앉아 있어야 하는 선수들의 피로도를 낮추어 줍니다. 뿐만 아니라 평소 컨디션이 좋아야 인지 능력 또한 향상되어 실전 경기에서 높은 집중력을 발휘할 수 있습니다.

 **프로 게이머의 수명**

프로 게이머도 다른 운동 선수와 마찬가지로 활동할 수 있는 기간이 한정적입니다. 나이가 들수록 신체 능력은 점점 떨어지기 때문이지요. 뇌의 반응 속도가 떨어져 경기력이 낮아지거나 손의 근육을 집중적으로 쓰다 보니 병을 얻는 경우가 많습니다.

이 때문에 프로 게이머의 평균 수명은 20대 중반으로 많은 선수들이 젊은 나이에 은퇴하게 됩니다. 하지만 최근 들어 경험을 녹인 전략과 꾸준한 노력을 통해 오랜 시간 프로 게이머로 활동하는 선수들이 늘어나는 추세입니다.

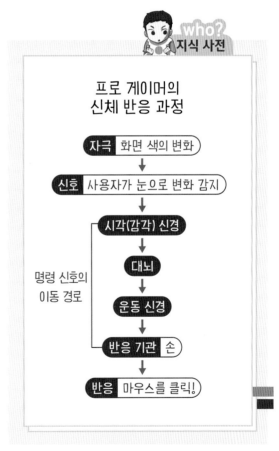

who?
지식 사전

프로 게이머의 신체 반응 과정

자극 | 화면 색의 변화

↓

신호 | 사용자가 눈으로 변화 감지

↓

시각(감각) 신경

↓

대뇌

↓

운동 신경

↓

반응 기관 | 손

↓

반응 | 마우스를 클릭!

명령 신호의 이동 경로

"

승리를 향한

꾸준한 노력이

바로 너의 진정한 능력이다.

"

T1 일산 사옥

따르르릉

으음…. 몇 시지?

따르릉

다들 안녕.

상혁이 형, 일어났어?

부스…

범찬이는 피곤해 보이는데, 잠 좀 잤어?

연습하다가 세 시간밖에 못 잤어요. 힝~

끼익—

쿵

박범찬(닉네임 블로썸)

130

자, 다들 모였지? 팀 연습 경기 시작하자.

코치 이정현
(롤 프로 게이머 출신)

경기 끝나면 평가할 예정이니까, 실제 대회라고 생각하고 긴장해.

네~!

다들 준비됐지? 이제 바로 한타 시작할 거야.

자, 간다! 지금이야! 모두 공격!

자, 지금 보면 상대방이 옆에서 치고 들어오는 걸 캐치 못 했지? 그래서 한타에 진 거야.

항상 시야를 넓게 보라고 했던 거 기억하지? 다음부터는 다들 주의하자고!

좋아, 다들 수고했어. 이제는 쉬면서 개인 정비할 수 있도록!

수고하셨습니다~!

상혁이는 잠깐 나 좀 보자.

하지만, 슬럼프는 생각만큼 쉽사리 극복되지 않았습니다.

이걸로 T1은 2014년 이후 또 한 번 롤드컵 진출에 실패했다.

너희들 모두 나름대로 열심히 했다는 건 알아. 하지만 저조한 성적에는 뭔가 이유가 있는 거야.

당분간 휴가를 줄 테니, 쉬면서 그 원인이 무엇인지 생각해 보도록 하자.

네….

네, 감독님….

푸욱..

할머니,
저 왔어요~

어이구,
우리 상혁이 왔어?
손자 얼굴 오랜만에
보는 것 같네~

고생했다, 상혁아.
집에 온 김에 푹 쉬다 가라.

네, 아빠.

배고프지?
너 좋아하는 고기 왕창
사서 굽고 있었어.

치이익~

먼저 드시고 계시지~
와아, 고기 보니까 배고프다!

상빈이
넌 요즘 운동
잘하고 있어?

그럼! 나 얼마 전
대회에서 상도 탔다고!

골똘..

드르륵

잠이 안 오니?

어? 아직 안 주무셨네요?

요즘 잘 안 풀리는 모양이구나.

후유~ 그냥 그렇죠, 뭐.

저 때문에 팀원들이 지는 것 아닌가 하는 생각도 들고요.

어떤 사람들은 저더러 이제 은퇴하는 게 낫다고 하네요.

그런 말에는 귀 기울이지 않아도 돼.

T1 숙소

그래, 분명 프로 게이머의
직업 수명이 짧다는 건 사실이야.
반응 속도와 순발력을 평생
전성기만큼 유지할 순 없어.

예전보다
*피지컬이 떨어진다면
전략과 전술적인 부분을
강화하면 돼.

결국
롤은 팀플레이
게임이니까.

하지만 그게
모든 승패를 결정짓진 않아.
그만큼 다른 부분에서 보완하면,
약점을 극복할 수 있을 거야.

형, 그게 뭐예요?
무슨 공부하세요?

아, 이거?

*피지컬(physical): 육체 능력

별건 아니고, 롤의 모든 챔피언들이 가진 능력치랑 스킬에 대한 정보를 모아 둔 거야.

그, 그걸 전부 다 다 외우려고요?

대박..!

응. 그래야 어떤 상대를 만나더라도 당황하지 않고 대처할 수 있을 테니까.

루키 선수, 상대방의 진영에 순식간에 파고드는 과감한 플레이~!!

과연 차세대 최고의 미드라이너라는 수식어가 아깝지 않아요!

흠..

페이커는 하나의 챔피언으로 수백, 수천 번을 플레이하는 등 챔피언을 분석했습니다. 게임도 공부하듯 다른 프로 게이머들의 플레이를 반복해 봤습니다.

더 이상 내가 최고라는 자만심을 버리자. 그리고 다른 프로 게이머들의 플레이를 몇 번이고 반복해서 보며 분석하는 거야!

또 팀원들과 함께 정보를 교환하며 전략과 전술을 꾸준히 강화해 나갔습니다.

그냥 치고받는 게 낫지 않아?

만약 상대방이 먼저 치고 들어올 때는 일단 최대한 *생존기로 버티다가….

한겨레(닉네임 레오)

서로 전력이 비슷하다면 그것도 좋지만, 우리가 불리할 경우도 생각해야 해.

개인 혼자서 능력을 발휘하는 건 분명 한계가 있어. 롤은 팀 게임이야. 팀 전략을 더욱 강화하는 데 집중하자!

*생존기: 게임에서 플레이어가 공격을 회피하는 기술

물론 그 누구보다 열심히 훈련하는 것도 잊지 않았습니다.

열심~

상혁아, 먼저 간다~
내일 쉬는 날이니까
좀 쉬면서 해.

그래, 알았어.
조심히 들어가.

이재완(닉네임 울프)

이번에 새로 나온
챔피언이 활용도가 좋군.
연습을 더 해 놔야겠어.

골똘~

흠….

쉬는 날에도 나와서
연습이라니…. 그래, 상혁아.

승리를 향한 꾸준한 노력이
바로 너의 진정한 능력이다.

2018년 11월. T1과 페이커에게 힘들었던 한 해가 저물어 가고 e스포츠계에도 곧 치열한 *스토브 리그가 시작되었습니다.

T1에서도 대대적인 변화가 있었습니다.

원래대로라면 나도 올해까지 계약 기간인데. 과연 어떻게 될까?

?

상혁아, 잠시 이야기 좀 할까?

턱-

계 약 서

자, 이게 상혁 선수에게 우리가 제시하는 계약 조건일세.

T1 단장 오경식

*스토브 리그: 대회가 없는 비시즌 기간 동안 선수의 계약이나 이동 등이 이루어지는 기간

아마도 국내 프로 선수들 중에서는 최대 액수의 연봉일 거야.

저… 제안은 굉장히 감사하지만, 솔직히 제가 이만한 대우를 받아도 되는 걸까요?

물론 지난 한 해 우리 팀이 저조한 성적을 낸 건 사실이야.

그렇다고 해서 네가 우리 T1의 기둥이자 에이스라는 사실은 결코 변하지 않는다. 우리 언제나 널 믿어. 앞으로도 너와 함께하고 싶구나.

꼬옥

감사합니다, 감독님. 다음 해엔 반드시 좋은 성적으로 보답하겠습니다!

그 외에도 T1은 레오 선수, 에포트 선수와 재계약을 진행했으며,

이상호(닉네임 에포트)

한겨레(닉네임 레오)

올해에도 잘 부탁하네.

T1은 롤의 각 포지션에서 최고로 평가받는 칸, 마타, 그리고 클리드 선수 등을 영입해 전력을 강화했습니다.

김동하(닉네임 칸)

조세형(닉네임 마타)

김태민(닉네임 클리드)

한편 계약을 마치고 팀을 떠나는 멤버들도 있었습니다.

재완이는 오랫동안 함께 호흡을 맞춰 온 멤버이자 친구인데. 아쉽지만 어쩔 수 없지.

상혁아, 이번에도 재계약했다며? 축하한다.

재완아, 고마워. 너도 새 팀에서 잘 해낼 거야. 응원할게.

와아아아

대망의 2019년 LCK 첫 대회를! 지금 시작합니다~!

과연 작년의 오명을 씻어 낼 수 있을 것인가! T1 선수들, 입장~!

오늘을 위해 그 어느 때보다 노력해 왔어. 이제 그 결과를 확인할 때야.

T1의 주장, 페이커 선수가 선택한 챔피언은 바로~ 갈리오!

움직임은 다소 둔하지만, 순간적으로 여러 명을 상대할 수 있는 챔피언이지요?

아앗! 페이커 선수! 바텀 라인에 합류하며 더블 킬!

굉장합니다, 페이커! 보면서도 믿기지 않아요! 드디어 최강의 미드라이너가 부활한 건가요!

1라운드에서 페이커와 T1 팀은 압도적인 경기력으로 아프리카, 담원, 한화, 킹존 팀 등을 순식간에 꺾으며 위상을 회복하는 데 성공했습니다.

어느덧 LCK 리그 대망의 결승전! 바로 T1과 그리핀 사이에 최후의 대결이 시작됩니다!!

드디어 다시 이곳까지 올라왔다!

상대 그리핀의
쵸비 선수 역시 현재 최고의
미드라이너로 손꼽히는
선수인데요!

네, 과거의 황제 페이커와
현재의 정점 쵸비의 대결!
이번 대회의 가장 큰
볼거리입니다!

정지훈(닉네임 쵸비)

아아앗!! 페이커의 *아지르!
쵸비 선수의 *리산드라를
완벽하게 제압합니다!

쵸비 선수, 페이커의
압박에 정신을
못 차리고 있어요!

*아지르: 리그 오브 레전드의 캐릭터 중 하나로 모래 병사를 소환하는 마법사
*리산드라: 리그 오브 레전드의 캐릭터 중 얼음을 무기로 쓰는 마법사

드디어 올해
LCK 첫 대회의 우승을
차지한 주인공은 바로~
T~~~1!

여러분,
우리의 왕이 돌아왔습니다!
페이커!
황제의 부활!!

이후 LCK 서머 시즌 대회에 진출한 페이커와 T1은 또다시 결승전에서 그리핀을 만나 다시 한번 우승을 거두게 되었습니다. 이로써 페이커는 자신의 대회 경력에 여덟 번째 LCK 우승을 추가하는 영광을 손에 넣었습니다.

나의 이야기는
지금부터 시작이야!

누가 뭐라 하든 꿋꿋이 노력했던 프로 게이머 페이커는 결국 실력과 성적으로 비난을 잠재우고, 최고의 프로 게이머라는 사실을 또다시 증명해 낸 것입니다.

프로 게이머에 대한 모든 것

게임을 좋아하는 독자라면 누구나 한 번쯤은
프로 게이머를 꿈꿔 보았을 것입니다.
프로 게이머는 어떻게 되는 걸까요?
또 프로 게이머가 되면 어떻게 생활할까요?
프로 게이머에 대한 모든 것을 알아봅시다.

하나 프로 게이머가 되는 방법

한국e스포츠협회가 인증하는 프로 게이머가 되
는 과정은 크게 두 가지로 나뉩니다. 첫 번째는
협회에서 공인하는 아마추어 대회에서 입상하
는 방법, 두 번째는 프로 팀에 들어가 추천 제
도에 선발되는 방법입니다. 이때 프로 팀에 들
어가기 위해서는 게임 랭킹을 올려서 스카우트
되거나 팀의 선수 모집에 참여해 테스트를 통
과해야 합니다. 이 두 가지 과정을 통하면 협회
의 교육을 거쳐 프로 게이머가 될 수 있습니다.

둘 프로 게이머의 계약

문화체육관광부는 2020년 9월 e스포츠 선수
의 권익 보호 및 공정한 계약 체결을 위한 표준
계약서를 만들었습니다. 표준 계약에는 후원금
이나 상금을 회사와 나누기 전에 미리 협의를
하거나 부당한 지시에 대해 선수가 거부할 권
한이 있다는 등의 조항이 있습니다.
보통 프로 게이머들은 10대에 선수 활동을 시
작하지요. 그런 특성을 고려해서 청소년에게 적
용되는 표준 합의서도 있습니다. 청소년의 학
습권, 인격권, 건강권, 수면권 등 기본적 권리를

보장한다는 내용이 들어 있답니다.

 <u>프로 게이머의 하루</u>

건강 체크
프로 게이머의 하루는 건강 체크로 시작합니다. 앉아서 장시간 게임을 하다 보니 허리나 손목에 무리가 가는 경우가 많아 세심한 관리가 필요합니다.

연습
프로 게이머는 보통 8~10시간 동안 게임 연습을 반복합니다. 같은 팀 내 선수뿐만 아니라 다른 팀 선수를 상대하는 등 다양한 사람과 연습하며 경험을 쌓습니다.

운동
연습 중간중간 선수들은 휴식을 취하거나 운동하는 시간을 갖습니다. 적절한 운동으로 스트레스를 풀고 체력을 단련시켜 경기 중 집중력을 유지하도록 합니다.

전술 분석
연습이 끝나면 코칭 스태프들과 함께 그날의 연습 경기 영상을 되돌려 보면서 무엇이 문제인지, 어떻게 하면 더 나은 전술을 펼칠지 분석합니다.

 <u>은퇴 뒤</u>

프로 게이머는 은퇴 뒤 게임 방송을 중계하는 해설자가 되거나, 프로 팀의 감독 혹은 코치가 되는 경우가 가장 많습니다. 또는 게임 회사에 취업해 게임 개발자가 되거나, 1인 미디어 크리에이터로 활동하기도 하지요. 지금도 많은 선수들이 은퇴 후에도 프로 게이머로서의 경험을 살려 다방면에서 활약하고 있습니다.

게임 콘텐츠로 진행하는 인터넷 방송

국내 1호 프로 게이머, 신주영

1998년, 신주영은 블리자드 스타크래프트 래더 토너먼트에서 우승하고 한국인 최초로 PGL에 등록되었습니다. 그리고 이듬해 한 인터뷰에서 자신의 직업을 프로 게이머라고 소개하면서, 한국에 처음으로 프로 게이머의 존재를 널리 알렸습니다.

7장

게임은 계속되어야만 하니까요

> 잊지 마세요.
> 모든 길은 결국
> 저를 통합니다.

'e스포츠는 몰라도 페이커는 안다'라는 우스갯소리가 있을 만큼, 페이커는 이제 한국 e스포츠계의 슈퍼스타로 자리매김했습니다.

농구로 치면 *마이클 조던, 축구로 치면 *리오넬 메시 같은 존재지.

당연하지! 요즘 페이커 모르면 간첩 아니냐?

데뷔하고 무려 8년 동안 각종 대회를 휩쓸며 활약한 페이커는 이제 단순한 프로 게이머를 넘어 대한민국을 대표하는 유명인으로 올라선 것입니다.

*마이클 조던: 전세계 최고의 프로 농구 리그인 NBA에서 활약했으며 은퇴 이후 현재까지도 농구 역사에서 가장 위대한 선수로 평가 받는 농구 선수
*리오넬 메시: 아르헨티나 국적으로 지금도 세계 최정상의 자리를 지키고 있는 축구 선수

2020년 2월 18일, 국내외 언론 기사를 통해 놀라운 소식이 전해졌습니다.

와아,
이거 진짜야?

현역 게이머 중에서는
최초 아닌가요?

페이커 선수가 T1과 2022년까지 3년 재계약을 맺었다는 소식이었습니다. 그 내용 중에는 소속 선수로서만이 아닌, 은퇴 뒤에도 경영진 자격으로 참가한다는 조항이 포함되어 있었습니다.

이번 계약으로
페이커 선수는 T1과 더욱 떼려야
뗄 수 없는 관계가 되었습니다. 저는 그가
팀의 미래를 만들어 가는 데 일조하게
될 것이라 믿습니다.

조 마쉬
(T1 *CEO)

＊CEO: 기업의 최고 경영자

즉 페이커는 프로 게이머 생활을 마친 뒤에도 T1의 프로 선수 양성 및 경영에 참여할 수 있는 T1의 공동 소유주가 된 것입니다.

앞으로도 잘 부탁하네,
이상혁 선수.

저야말로
잘 부탁드립니다.

이는 페이커가 곧 T1의 상징과 다름없는 존재라는 것을 또다시 보여 주는 사건이었습니다.

결국 페이커가 이끄는 SK T1은 2020년 LCK 스프링 시즌 최종 우승을 달성하며, 여전히 롤 프로 대회의 최강자임을 증명해 냈습니다. 이로써 국내 리그 아홉 번째 우승을 기록하는 동시에,

LCK 최연소 우승 미드라이너와 LCK 최고령 우승 미드라이너라는 타이틀을 동시에 얻었습니다.

페이커가 수많은 팬들에게 오랫동안 사랑받을 수 있는 이유는
게임 실력뿐만이 아니었습니다.

형, 누가 또 형
유튜브에 악플 달았는데.

신경 쓰지 마.
처음 있는 일도 아니잖아.

나까지
그들처럼 남을 헐뜯고
비난하는 사람이
되고 싶진 않아.

형은 화도 안 나요?
저렇게 말도 안 되는 소리로
형을 깎아내리려 드는데….

많은 사람들이 페이커의 가장 멋진 부분은 눈부신 게임 실력
이상의 매너와 인성, 정신력이라고 이야기하기도 합니다.

그러니까 너무 신경 쓰지 마.
저런 악플에 시달릴수록 결국
자기만 힘들어지는 거야. 스스로
중심을 잡아야 해.

네, 형.
주의할게요.

실제로 페이커의 인성이 반듯하다는 이야기는 널리 알려져 있습니다.

일부 프로 게이머 선수들 중에는 실력과는 별개로 과거에 불건전하고 비도덕적인 언행 등이 문제되어 팬들을 실망시킨 적이 있었습니다. 최악의 경우 프로 게이머 자격을 박탈당하기도 했습니다.

에잇~!

뭐야... 실망이야...

퍽!

하지만 페이커는 열여덟 살 어린 나이에 데뷔하고 지금까지 그 어떤 논란거리조차 만들지 않았습니다.

게임 실력만 좋다고 해서 프로 게이머가 아니야. 남들 앞에 나서는 만큼, 언제나 부끄럽지 않게 행동하자.

까야~

히헤

그가 여태 단 한 번도 구설수에 휘말리지 않았다는 것으로 평소 페이커가 얼마나 올바르게 생활하려고 노력하는지 알 수 있습니다.

또한 프로 선수들 중 손꼽힐 만큼 엄청난 연봉을 받으면서도 결코 돈을 허투루 쓰지 않았습니다.

상혁아, 넌 돈도 그렇게 많이 벌면서 다 어디에 쓰는 거냐?

돈을 벌면 모아 둬야지, 왜 쓰려고 그래? 난 한 달 용돈 20만 원이면 충분해.

20만 원? 거짓말! 밥값도 안 나오겠다!

충분해~ 밥은 숙소에서 주는데, 뭐~

그렇게 열심히 모아서 나중에 어디 쓰려고?

헐..

글쎄. 분명 언젠가 중요한 곳에 쓸 일이 있겠지.

오히려 자선 행사나 자선 단체에 기부하는 등 스스로에게 의미 있다고 생각하는 곳에 썼습니다.

코로나 기부에 나선 페이커 선수

News Today

2020년, 코로나19감염증 사태가 심해지자 선뜻 나서서 3천만 원을 기부하기도 했습니다.

또한 페이커는 2017년부터 미국의 인터넷 방송 중계 서비스 회사인 트위치와 정식 계약을 맺고 인터넷 방송을 시작했습니다.

세계적으로 유명한 페이커의 방송인 만큼 방송 첫날에는 너무나 많은 시청자가 몰린 탓에 서버가 견디지 못할 정도였습니다.

뭐야, 갑자기 왜 방송이 꺼졌지?

혁, 시청자가 2만 명이나 들어와 있어!

페이커는 이 인터넷 방송을 통해 팬들과 소통하는 모습을 보이기도 합니다. 때로는 특유의 덤덤한 입담으로 시청자들을 웃기기도 하고,

닉네임 '이지은신의손' 님, 5천 원 감사합니다.

평소에는 엄청난 게임 실력을 실시간으로 보여 주며 시청자들을 놀라게 하기도 했습니다.

자, 이건 잡았죠?

나도롤고수: 음? 잡았다니?

믿고보는상혁이: 에이, 아직 상대 생명력이 80%가 넘는데?

번개손: 아무리 페이커라도 이건 좀?

S2페이커S2: 우리혁 또 폭주하는 거야?

방구석겜캐스터: 이거 상대도 만만하지 않은 것 같은데.

적을 처치했습니다!

반지하제왕: 헐! 진짜 잡았어!!

롤잘알지은이: 너무 멋있어! 너란 남자!

S2페이커S2: 거봐, 페이커가 잡았다고 말했으면 이미 잡힌 거야ㅋ

전서거니: 말도 안 돼! 저걸 미리 계산하고 읽었다고?

카라멜헉끼아또: 이건 인간의 속도가 아니야;;;

강모찌멍뭉: 이야~ 자네 프로 게이머 할 생각 없나?ㅋㅋ

왜 다들 놀라지? 너무 빨리 잡아 버렸나?

호록

아빠.

응?

고등학교 때, 제가 갑자기 프로 게이머가 되고 싶다고 해서 많이 놀라셨죠?

씨익

힘들거나 후회되지는 않니?

힘든 적은 많았죠. 하지만 단 한 번도 후회해 본 적은 없어요.

제가 좋아하는 게임을 직업으로 가지게 된 것도 모자라 많은 사람들에게 사랑도 받고 있는걸요.

그래, 그거면 됐다.

165

뿐만 아니라, 페이커는 여러 인터뷰에서 e스포츠의 위상과 인식을 긍정적으로 변화시키려 노력했습니다.

e스포츠를 잘 모르시는 분들이나 관심이 없으신 분들은 게임에 대해 부정적인 시각을 가지고 계신 경우가 많습니다.

물론 게임을 과하게 해서는 안 되겠죠. 다만 수많은 프로 게이머들과 관계자 분들이 e스포츠 자체를 보다 건전하고 대중적인 문화로 만들기 위해 많이 노력하고 있다는 것만은 알아주셨으면 합니다.

타닷

타닷一

페이커!

페이커!

168

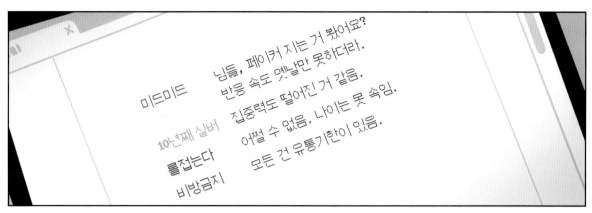

미드미드   님들, 페이커 지는 거 봤어요?
           반응 속도 옛날만 못하더라.
           집중력도 떨어진 거 같음.
10년째 실버   어쩔 수 없음. 나이는 못 속임.
롤접는다   모든 건 유통기한이 있음.
비방금지

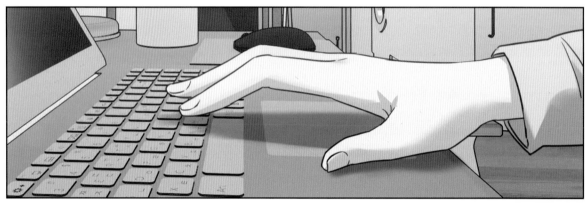

T1의
아쉬운 시즌 마감
원인은 페이커?

그동안 페이커가 쌓아 올린 명성을 생각한다면
이번 시즌 우승컵을 단 하나도 차지하지 못한
아쉬운 한 해였다.

페이커는 그 어느 때보다 연습과 훈련에 매진했습니다.

게임하다 내가 개선해야 할 부분이 있으면 언제든 편하게 말해.

지금은 팀워크가 먼저니까 서로서로 동등한 위치의 플레이어로 대하면 좋겠어.

좋아!

그래도….

흐음~ 상대 팀이지만 이런 움직임은 배울 만한걸.

한편 2022년 아시안 게임이 중국 항저우에서 열렸습니다.

후~ 우리나라를 대표해 아시안 게임에 나오다니. 어쩐지 좀 긴장되네.

와

!

엇

페이커~!!

페이커!!

와아! 페이커다!

롤의 살아 있는 전설 페이커야!

진짜 페이커야.

FAKER

177

뭐, 뭐야?
이 많은 사람들은….

공항에는 페이커를 보기 위해 모여든 팬들로 발 디딜 틈이 없었습니다.

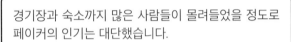

경기장과 숙소까지 많은 사람들이 몰려들었을 정도로
페이커의 인기는 대단했습니다.

하지만 페이커는 심한 독감으로 조별 리그에
만 참가하고 이후에는 출전하지 못했어요.

대신 뒤에서 팀원들을 도우며 대한민국이 금메달을 따는 데 힘을 보탰습니다.

페이커는 한국으로 돌아온 뒤에도 꾸준히 활약했지만, 여러 경기에서 준우승에 그쳤습니다.

2023년 새 시즌에 들어서며 손목 부상을 당하는 악재까지 겹치고 말았습니다.

다행히 휴식하는 한 달 동안 몸 관리에 집중했고 복귀하자마자 LCK 여름 시즌에서 준우승을 거두어서 리그 오브 레전드 월드 챔피언십에 출전할 수 있었습니다.

다행이야. 우리나라에서 열리는 월드 챔피언십에 나갈 수 있게 됐다니.

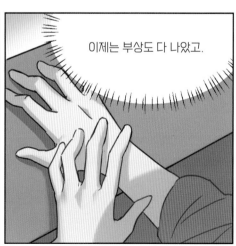

이제는 부상도 다 나았고.

이번에야말로 오랜 슬럼프에서 벗어나 다시 한번 정상에 설 기회야.

무엇보다 내 곁에는 최고의 팀원들이 있어.

그즈음 한국팀 모두가 예선에 탈락하자, T1팀에 대한 기대와 걱정이 한꺼번에 올라갔습니다.

4강에 중국은 3팀인데 한국은 T1 하나뿐이네.

그게 문제가 아니야. 징동은 올해 열린 모든 대회에서 우승한 역대 최강 팀이라고.

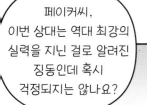

페이커씨, 이번 상대는 역대 최강의 실력을 지닌 걸로 알려진 징동인데 혹시 걱정되지는 않나요?

저는 강한 팀을 만나면 주눅이 들거나 걱정이 앞서기보다 항상 기대됩니다.

잊지 마세요. 모든 길은 결국 저를 통합니다. 오랫동안 수많은 팀의 상승과 하락을 지켜보았습니다. 언제나 그 끝에 서 있던 사람은 항상 저입니다.

골든로드, 저희가 막겠습니다.

최고가 되려면 저를 넘어서야 할 겁니다.

이로써 페이커는 7년 만에 월드 챔피언십 우승을 거머쥐며 리그 오브 레전드 월드 챔피언십 대회 사상 최초로 4회 우승을 기록한 최다 우승자가 되었습니다.

또한 시즌 종료 후에는 각국의 연말 시상식에서 주요 부문 상들을 쓸어 담았습니다.

2023 LCK 어워드 올해의 선수상!

2023, 더 게임 어워드! 올해 최고의 E스포츠 선수에 페이커 이상혁 선수가 선정되었습니다!

유명 예능 프로그램에 출연해 진솔한 자기 이야기를 들려주기도 했고, 2024년에는 리그 오브 레전드 전설의 전당에 처음으로 오르는 영광을 누리기도 했습니다.

게임을 잘하려고 책을 많이 읽었어요. 덕분에 게임을 대하는 태도, 삶을 바라보는 관점이 많이 바뀌었어요.

🦔 에필로그⁺

*<더 드리머> e스포츠 특집

안녕하세요~

형이 플레이하는 영상을 보고 감동받아서 그때부터 프로 게이머가 되겠다고 다짐했어요.

안녕하세요, 형. 만나 봬서 정말 영광이에요.

정말요?

우동표 학생
(장래희망: 프로 게이머)

형은 멘탈 관리를 어떻게 하세요? 남들이 욕하거나 비웃을 때요.

흠...

아, 저는… 남들이 뭐라든 자기 스스로를 어떻게 생각하느냐가 더 중요하거든요.

저도 형처럼 유명한 프로 게이머가 되려면 어떻게 해야 할까요?

일단은 무엇보다 연습 시간을 많이 늘려야겠죠?

꼬옥

저는 게임을 좋아하긴 하지만 솔직히 재능이 있는지는 잘 모르겠어요.

프로 게이머는 분명 재능이 필요한 직업이에요.

*더 드리머: 널리 알려진 e스포츠 선수들과 함께 e스포츠에 대한 이야기를 나누는 1부작 TV 토크 쇼 프로그램

186

하지만 그럼에도 본인이 반드시 프로 게이머의 꿈을 이루고 싶다면, 이 두 가지를 기억하세요.

결코 지지 않겠다는 승부욕, 그리고 어떤 상황에도 침착할 수 있는 마음가짐입니다.

그 두 가지를 실천하면서 끊임없이 노력한다면 분명 언젠가 프로 게이머로서 활약할 날이 올 겁니다. 응원할게요!

감사합니다, 형! 열심히 할게요!

생각해 보기

세상은 넓고 놀 것은 많다

"

책을 다 읽은 뒤 내용을 되새기고
생각하는 시간도 필요합니다.
책에 대해 주변 사람들과 함께
이야기 나누면 더욱 좋아요!

"

프로 게이머 '페이커' 님이 궁금해!

평소 프로 게이머로서의 하루 일과를 알려 주세요!

보통은 12시쯤 일어나서 점심을 먹고, 4시까지 팀 연습을 해요. 저녁을 먹으며 7시까지 쉬다가
다시 10시까지 팀 연습을 하지요. 그 뒤부터는 야식을 먹고 새벽까지 자유롭게 연습하거나 회의
또는 개인 방송을 합니다. 선수마다 다르겠지만 매일 최소 열 시간 넘게 게임하며 지냅니다.

프로 게이머를 하면서 가장 힘들었던 점이 무엇인가요?

프로 게이머를 하면서 가장 힘든 것은 제가 원하는 만큼 성적과 경기력이 나오지 않을 때예요. 승부욕도 많아서
질 때마다 남들보다 더 아쉬워하고 분하게 느꼈던 것 같아요. 그럴 때는 스스로 다독이고 고민하면서 이겨 내려고
노력했습니다. 또 힘들 때마다 감독님과 코치님들께서 이끌어 주셔서 더욱 성장할 수 있었어요.

'프로 게이머가 되길 잘했다'라고 느낄 때가 있었나요?

팬 분들께서 응원해 줄 때 프로 게이머가 되길 잘했다고 항상 생각해요.
특히 우승할 때는 정말 프로 게이머가 되길 잘했다고 느낍니다. 많은 팬
분들 앞에서 트로피를 들어 올릴 때가 저에게 가장 기쁜 순간이에요.

침착한 성격의 비결이 있나요?

언제나 행동하기 전에 생각하는 성격이에요. 실제로 침착함을
유지하는 건 게임할 때 매우 중요하기도 하고요. 그리고 사람들
에게 보이는 직업이다 보니 행동 하나하나 신중하게 하자는
생각이 큰 도움이 된 것 같아요.

e스포츠에 대한 부정적 선입견에 대해 어떻게 생각하나요?

예전에는 사람들이 프로 게이머라는 직업에 선입견을 가질 때가 많았지요.
지금은 긍정적으로 바라봐 주시는 분들이 많아지면서 자부심을 느끼고 있습
니다. 그리고 컴퓨터만 있다면 멀리 떨어진 친구들과도 언제 어디서나 함께
게임을 즐길 수 있는데, 그런 편리함도 e스포츠의 큰 장점이라고 생각합니
다. 요즘 남녀노소 누구나 게임을 많이 즐기잖아요. 자기가 좋아하는
게임을 스포츠로 즐길 수 있다는 점도 큰 매력인 것 같습니다.

프로 게이머가 되기 위해 어떤 능력과 자질이 필요하나요?

저는 어떤 일이든 그 일에 대한 열정이 중요하다고 생각해요! 프로 게이머를
꿈꾸는 사람들은 게임을 잘하기도 하지만 정말 게임 자체를 좋아해서 이 직업
에 뛰어드는 경우가 많아요. 그런데 프로 게이머가 되고 나서 게임에 대한 열
정이 줄어들면 오랫동안 기량을 유지하기 힘든 경우도 많지요. 그래서 저는
재능과 열정 모두 필요하다고 생각해요.

프로 게이머를 꿈꾸는 학생들에게 해 주고 싶은 말

학교에 다니면서 게임 연습을 하다 보면 공부할 시간이 부족하여 학업에
열중하기 힘들죠. 본인이 좋아하고 꿈꾸는 직업을 지망하는 자세는 좋지만
학창 시절에는 자신의 적성과 흥미에 맞는 직업을 찾을 시간은 충분하니
조금 더 신중하게 프로 게이머에 도전했으면 좋겠어요. 그래도 프로 게이머를
하고 싶다면 정말로 열심히, 그리고 후회 없이 도전했으면
좋겠습니다. 파이팅!

청년 '이상혁' 님이 궁금해!

언제 처음으로 게임을 접했나요?

초등학교에 입학할 때 고전 게임들이 들어 있는 팩 게임기가 집에 있었어요. 아마 그때 처음으로 게임을 했다고 기억해요. 주로 집에서 저 혼자 또는 동생과 함께 고전 게임들을 즐겼어요. 그런데 하다 보니 게임이 너무 재밌어서 하루 종일 게임만 했답니다. 그 뒤로 CD 게임, 온라인 게임 등 여러 종류의 게임들을 가리지 않고 즐기기 시작했어요. 가끔씩 아버지와 하고 싶은 플레이스테이션 CD 게임들을 사러 갈 때가 가장 즐거웠어요. 어렸을 때부터 게임을 좋아하던 성향이 프로 게이머가 되는 데 큰 도움이 된 것 같아요.

어렸을 때 게임하고 있으면 아버지나 할머니가 뭐라고 하셨나요?

어렸을 때 게임을 하고 있을 때미다 아버지께서 "할 일을 한 다음에 하고 싶은 걸 해라."라고 많이 말씀하셨어요. 그 말을 자주 들어서 그런지 늘 제 할 일을 하고 나서 게임을 했던 것 같아요. 그러다 보니 제가 무척 좋아하는 게임을 많이 할 수 있었고요! 할머니는 제가 새벽까지 게임할 때마다 옆에서 같이 구경하셨어요. 지금도 할머니는 젊은 친구들 못지 않게 리그 오브 레전드 규칙이나 용어들을 잘 아세요.

프로 게이머가 되기로 결심한 결정적인 이유가 뭐예요?

당시에는 프로 게이머가 불안정한 직업이기도 했고, 프로 게이머가 되려면 학업을 포기해야 하는 상황이라 고민을 많이 했던 것 같아요. 결국에는 남들이 쉽게 할 수 없는 경험을 해 보는 것도 좋다고 생각했어요. 성공하든 실패하든 저에게 소중한 경험이 될 것 같아서 도전하게 됐지요.

게임 외에 선호하는 취미나 특기가 있나요?

학창 시절이나 프로 게이머가 된 초기에는 게임을 무척
좋아했어요. 근데 프로 생활을 오래 하다 보니까 지금은
책을 보는 게 저의 취미가 되었답니다.
요즘에는 쉬는 시간마다 독서를 하면서 보내는 시간이
무척 즐거워요. 가끔 머리가 복잡할 때 책을 읽고 나면
조금 더 가벼운 마음으로 생활할 수 있는 것 같습니다.
세상에는 재미있는 책들이 참 많은 것 같아요. 여러분도
꼭 책을 많이 읽었으면 좋겠어요. 분명 언젠가 도움이
될 거예요.

좋아하는 음식이 뭐예요?

저는 삼겹살이나 소고기처럼 구워 먹는 고기를 좋아해요.
최근에는 고기뿐 아니라 마라탕이나 훠궈도 즐겨 먹고 있
어요. 매운맛이 중독성이 있어서 가끔 생각나는 것이 매력
이에요!

미래에 대한 계획은요?

저는 미래보다는 현재에 집중하는 편이에요. 당장 다가오
는 대회에 몰두하여 우승하겠다는 생각을 더 많이 합니다.
앞으로도 그때그때 하고 싶은 일들을 하지 않을까 해요.

좌우명도 알려 주세요.

음…. 행복하게 살자. *일희일비하지 말자!

*일희일비(一喜一悲): 한편으로는 기뻐하고 한편으로는 슬퍼함

페이커 연표

SK T1에 입단

2013 LCK 스프링 시즌에서 데뷔

2013 LCK 서머 시즌 우승

2013 LoL 월드 챔피언십 우승

2014 LCK 윈터 시즌 우승

5월 7일, 서울에서 출생

2014 LoL 올스타 인비테이셔널 우승

1996

2013~2014

2018

일본 팬 미팅 개최

2018 LCK 스프링 시즌 4위

2018 LCK 서머 시즌 7위

자카르타-팔렘방 아시안 게임 은메달

2018 LoL 올스타전에서 우승

e스포츠 명예의 전당 스타즈 수상

2019~2020

대회 누적 상금 14억 돌파

2019, 2020 LCK 스프링 시즌 우승

2019 LCK 서머 시즌 우승

메이저 국제전 100승 달성

e스포츠 명예의 전당 스타즈 수상

MBC TV 예능 프로그램 <라디오스타> 출연

2020 LCK에서 2000킬 달성

- 2015 LCK 스프링 시즌 우승

- 2015 LCK 서머 시즌 우승

- 2015, 2016 LoL 월드 챔피언십에서 우승

- 2015 LoL 올스타전에서 우승

- 2016 LCK 스프링 시즌 우승

- 더 게임 어워즈에서 올해의 e스포츠 선수상 수상

- 2017 LCK 스프링 시즌 우승

- 2017 LCK 서머 시즌 준우승

- 2017 미드 시즌 인비테이셔널 우승

- 2017 LoL 월드 챔피언십 준우승

2015~2016

2017

2021~2022

2023~2024

- 2021 LCK 통산 600경기 출전 기록 최초 달성

- 2021 LCK 서머 시즌 준우승

- 2022 LCK 스프링 시즌 우승.
  LCK 통산 10회 우승 최초 달성

- 2022 미드 시즌 인비테이셔널 준우승

- 2022 e-스포츠 명예의 전당 스타즈

- 2022년 항저우 아시안 게임
  e스포츠 리그 오브 레전드 금메달

- 2023 LoL 월드 챔피언십에서 우승

- 2023 LCK 어워드 올해의 선수

- tvN TV 예능 프로그램 <유 퀴즈 온 더 블럭> 출연

- 2024 LCK 스프링 시즌 준우승

- JTBC TV 예능 프로그램 <아는 형님> 출연

- 2024 LoL 전설의 전당 초대 헌액자로 선정

게임 중독 테스트

혹시 너무 많은 시간 동안 게임을 하고 있지는 않나요? 지난 1년 동안 게임과 관련해 아래의 증상을 얼마나 경험했는지 체크해 보세요.

번호	문항	전혀 아님	가끔	자주	항상
1	이전에 했던 게임이 계속 생각난다.	0	1	2	3
2	게임을 하지 않으면 불안하거나 슬프다.	0	1	2	3
3	게임하는 시간이 점점 길어진다.	0	1	2	3
4	게임하는 시간을 조절하려고 해 보았지만 소용없었다.	0	1	2	3
5	게임 외의 취미 활동에는 관심이 없다.	0	1	2	3
6	사회적, 심리적 문제가 있을 때도 계속해서 게임을 많이 한다.	0	1	2	3
7	가족에게 게임하는 시간을 속인 적이 있다.	0	1	2	3
8	부정적인 감정을 피하기 위해 게임을 한다.	0	1	2	3
9	게임을 하느라고 학교생활이나 친구 관계를 제대로 할 수 없다.	0	1	2	3

게임 조절하기

각 문항의 점수를 모두 더해 10점 이상이라면 게임 중독을 의심해 봐야 합니다. 게임 중독이 의심된다면 앞으로 스스로 게임 규칙을 정하고 생활 계획표를 작성해 게임하는 시간을 조절해 봅시다.

나만의 게임 규칙

_____

_____

_____

생활 계획표

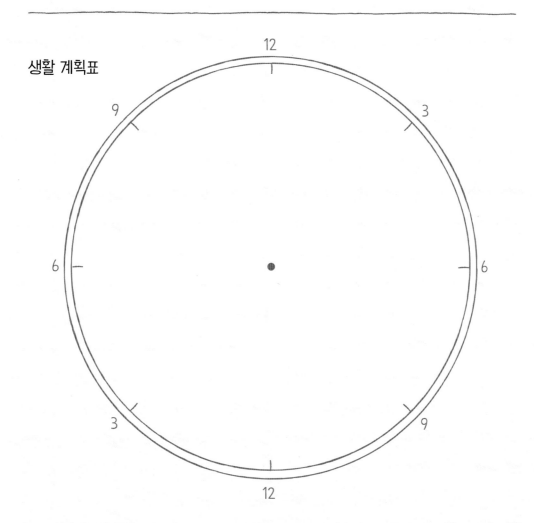

나도 프로 게이머가 될 수 있을까?

프로 게이머에게는 협동심, 인내력, 판단력, 집중력, 창의력 등의 능력이 필요합니다. 나에게도 이러한 능력이 있는지 알아봅시다.

능력을 발휘한 경험

프로 게이머는 상황에 따라 적절한 결정을 내리는 판단력, 어려운 상황에서도 포기하지 않는 인내력이 필요합니다. 또 팀을 이뤄 대회에 나가는 경우가 많아 다른 선수들과의 협동심도 필요하지요. 이런 능력을 발휘했던 경험이 있는지 생각해 보세요.

협동심: _____

인내력: _____

판단력: _____

집중력 발휘하기

프로 게이머에게는 게임에 집중할 수 있는 능력이 필요합니다. 아래 그림에는 모양이 다른 글자가 하나 숨어 있어요. 어디 있는지 집중력을 발휘해 찾아보세요.

QQQQQQQQQQQQQQQQQQQQQQ
QQQQQQQQQQQQQQQQQQQQQQ
QQQQQQQQQQQQQQQQQQQQQQ
QQQQQQQQQQQQQQQQQQQQQQ
QQQQQQQQQQQQQQQQQQQQQQ
QQQQQQQQQQQQQQQQQQQQQQ

창의력 뽐내기

프로 게이머는 자신만의 전술을 펼칠 줄 알아야 합니다. 그러려면 창의력이 필요하겠지요. 아래 도형과 선을 이용하여 남들이 생각하지 못한 기발한 그림을 그려 보세요.

아이디 만들기

'페이커(Faker)'처럼 자신의 개성을 잘 표현할 수 있는 게임 아이디를 만들어 봅시다.

나만의 게임 만들기

내 취향에 딱 맞는 게임이 있다면 얼마나 좋을까요? 내 게임 취향을 알아보고
이 세상에 하나뿐인 나만의 게임을 기획해 봅시다.

내 게임 취향 알아보기

각 게임 장르에 어울리는 플레이어 특성을 살펴보고, 나와 비슷한 특성에 체크해 봅시다.

FPS 장르	·내가 마치 게임 안에 있는 것 같은 느낌을 좋아한다. (　　　) ·총과 같은 발사 무기에 관심이 있다. (　　　)
RTS 장르	·전략을 짜는 게 좋다. (　　　) ·한정된 자원을 효율적으로 운영한다. (　　　)
AOS 장르	·전략, 캐릭터 육성, 아이템 조합에 모두 관심이 있다. (　　　) ·팀을 이루는 것이 좋다. (　　　)
RPG 장르	·스토리를 중요하게 생각한다. (　　　) ·캐릭터를 육성하는 것이 가장 재미있다. (　　　)
아케이드 장르	·짧은 시간 즐기는 게임이 좋다. (　　　) ·반복적이고 간단한 조작을 즐긴다. (　　　)

나에게 가장 어울리는 게임과 가장 맞지 않는 게임은?

_____

_____

게임 기획하기

게임명: _____

장르: _____

주요 캐릭터와 게임 화면 자유롭게 꾸며 보기

who? 스페셜

페이커

개정1판 1쇄 발행 2024년 8월 27일
개정1판 2쇄 발행 2024년 9월 13일

글 오기수 김정욱 **그림** 이지은 **감수** 이상혁 **표지화** 손정호

펴낸이 김선식
펴낸곳 다산북스

부사장 김은영
어린이사업부총괄이사 이유남
책임편집 박세미 **디자인** 김은지 **책임마케터** 안호성
어린이콘텐츠사업1팀장 박정민 **어린이콘텐츠사업1팀** 김은지 박세미 강푸른
마케팅본부장 권장규 **마케팅3팀** 최민용 안호성 박상준 김희연 송지은
편집관리팀 조세현 김호주 백설희 **저작권팀** 이슬 윤제희 **제휴홍보팀** 류승은 문윤정 이예주
재무관리팀 하미선 윤이경 김재경 임혜정 이슬기
인사총무팀 강미숙 지석배 김혜진 황종원
제작관리팀 이소현 김소영 김진경 최완규 이지우 박예찬
물류관리팀 김형기 김선민 주정훈 김선진 한유현 전태연 양문현 이민운

출판등록 2005년 12월 23일 제313-2005-00277호
주소 경기도 파주시 회동길 490
전화 02-704-1724 **팩스** 02-703-2219
다산어린이 카페 cafe.naver.com/dasankids **다산어린이 블로그** blog.naver.com/stdasan
종이 한솔PNS **인쇄** 민언프린텍 **코팅 및 후가공** 제이오엘앤피 **제본** 대원바인더리

ISBN 979-11-306-5538-3 14990

who? 한국사

초등 역사 공부의 첫 단추! '인물'을 알아야 시대가 보인다

● 선사·삼국   ● 남북국   ● 고려   ● 조선   ● 근대

※ who? 한국사(전 47권) | 대상 초등학교 전 학년 | 책 크기 188×255 | 각 권 페이지 190쪽 내외

who? 인물 중국사

인물로 배우는 최고의 역사 이야기

※ who? 인물 중국사 (전 30권) | 대상 초등학교 전 학년 | 책 크기 188×255 | 각 권 페이지 190쪽 내외

who? 아티스트

최고의 명작을 탄생시킨 아티스트들을 만나다

● 문화·예술·언론·스포츠

※ who? 아티스트(전 40권) | 대상 초등학교 전 학년 | 책 크기 188×255 | 각 권 페이지 190쪽 내외

who? 인물 사이언스

기술로 세상을 발전시킨 과학자들의 이야기

※ who? 인물 사이언스(전 40권) | 대상 초등학교 전 학년 | 책 크기 188×255 | 각 권 페이지 180쪽 내외

who? 세계 인물

만화로 만나는 세상을 바꾼 위대한 인물들의 이야기

※ who? 세계 인물(전 40권) | 대상 초등학교 전 학년 | 책 크기 188×255 | 각 권 페이지 180쪽 내외

who? 스페셜·K-pop

아이들이 가장 만나고 싶고, 닮고 싶은 현대 인물 이야기

※ who? 스페셜·K-pop | 대상 초등학교 전 학년 | 책 크기 188×255 | 각 권 페이지 190쪽 내외